이호설의 사서삼경과 명심보감 이야기 ❷

이호설의 사서삼경과 명심보감 이야기 2
논어, 명심보감

초판 1쇄 발행 2024년 10월 21일

지은이 이호설
펴낸이 장길수
펴낸곳 지식과감성#
출판등록 제2012-000081호

교정 김나현
디자인 오정은
편집 오정은
검수 이주희, 이현
마케팅 김윤길, 정은혜

주소 서울시 금천구 벚꽃로298 대륭포스트타워6차 1212호
전화 070-4651-3730~4
팩스 070-4325-7006
이메일 ksbookup@naver.com
홈페이지 www.knsbookup.com

ISBN 979-11-392-2166-4(03140)
값 12,000원

- 이 책의 판권은 지은이에게 있습니다.
- 이 책 내용의 전부 또는 일부를 재사용하려면 반드시 지은이의 서면 동의를 받아야 합니다.
- 잘못된 책은 구입하신 곳에서 바꾸어 드립니다.

지식과감성#
홈페이지 바로가기

논어, 명심보감

이호설의 사서삼경과 명심보감 이야기 ②

이호설 지음

四書三經

지혜감정

목차

논어

논어 1강 ················ 10
논어 2강 ················ 11
논어 3강 ················ 13
논어 4강 ················ 15
논어 5강 ················ 17
논어 6강 ················ 19
논어 7강 ················ 21
논어 8강 ················ 23
논어 9강 ················ 25
논어 10강 ··············· 27
논어 11강 ··············· 28
논어 12강 ··············· 30
논어 13강 ··············· 32
논어 14강 ··············· 34
논어 15강 ··············· 36
논어 16강 ··············· 38
논어 17강 ··············· 40
논어 18강 ··············· 42
논어 19강 ··············· 43
논어 20강 ··············· 45

논어 21강	46	논어 46강	91
논어 22강	47	논어 47강	93
논어 23강	49	논어 48강	95
논어 24강	50	논어 49강	97
논어 25강	52	논어 50강	99
논어 26강	54	논어 51강	102
논어 27강	56	논어 52강	104
논어 28강	57	논어 53강	106
논어 29강	59	논어 54강	109
논어 30강	61	논어 55강	110
논어 31강	63	논어 56강	112
논어 32강	65	논어 57강	113
논어 33강	66	논어 58강	115
논어 34강	67	논어 59강	116
논어 35강	68	논어 60강	118
논어 36강	70	논어 61강	120
논어 37강	71	논어 62강	122
논어 38강	73	논어 63강	123
논어 39강	75	논어 64강	125
논어 40강	78	논어 65강	126
논어 41강	79	논어 66강	127
논어 42강	82	논어 67강	129
논어 43강	84	논어 68강	130
논어 44강	86	논어 69강	132
논어 45강	88	논어 70강	134

명심보감

명심보감 51강 ·········· 138
명심보감 52강 ·········· 139
명심보감 53강 ·········· 140
명심보감 54강 ·········· 142
명심보감 55강 ·········· 145
명심보감 56강 ·········· 147
명심보감 57강 ·········· 148
명심보감 58강 ·········· 149
명심보감 59강 ·········· 150
명심보감 60강 ·········· 151
명심보감 61강 ·········· 153
명심보감 62강 ·········· 154
명심보감 63강 ·········· 155
명심보감 64강 ·········· 157
명심보감 65강 ·········· 158
명심보감 66강 ·········· 159
명심보감 67강 ·········· 160
명심보감 68강 ·········· 161
명심보감 69강 ·········· 162
명심보감 70강 ·········· 163

명심보감 71강 ········· 164	명심보감 96강 ········· 203
명심보감 72강 ········· 166	명심보감 97강 ········· 205
명심보감 73강 ········· 168	명심보감 98강 ········· 206
명심보감 74강 ········· 169	명심보감 99강 ········· 207
명심보감 75강 ········· 170	명심보감 100강 ········ 208
명심보감 76강 ········· 172	
명심보감 77강 ········· 173	
명심보감 78강 ········· 175	
명심보감 79강 ········· 177	
명심보감 80강 ········· 179	
명심보감 81강 ········· 180	
명심보감 82강 ········· 181	
명심보감 83강 ········· 182	
명심보감 84강 ········· 184	
명심보감 85강 ········· 186	
명심보감 86강 ········· 188	
명심보감 87강 ········· 189	
명심보감 88강 ········· 190	
명심보감 89강 ········· 192	
명심보감 90강 ········· 193	
명심보감 91강 ········· 195	
명심보감 92강 ········· 197	
명심보감 93강 ········· 199	
명심보감 94강 ········· 201	
명심보감 95강 ········· 202	

논어 1강

　자신의 정신 신은 사람이 죽으면 하늘나라 가니 천인(하느님)이고, 영혼 되고 조상 되고 하느님 영혼 조상은 삼위일체시다.

　삼위일체는 정신이고 신이다. 삼위일체는 우주 만물을 창조하시고 자신과 같은 사람도 창조하셨다.

　그 삼위일체는 나의 정신이고, 그 신은 늘 나와 함께하고 계신다. 그 신을 믿고 기도하고 배우면 안되는 일 없고 다 잘되느니라.

논어 2강

子曰 "學而時習之면 不亦說乎아 有朋이 自遠方來면 不亦樂乎아 人不知而不慍이면 不亦君子乎아"

○ 공자가 말하기를 "배우고 때로 익히면 기쁘지 아니하랴, 벗이 있어 먼 데서 찾아오면 또한 즐겁지 아니하랴. 남이 나를 알지 못한다고 노여워함을 풀지 아니하면 어찌 군자가 아니겠는가."

有子曰 "其爲人也孝弟요 而好犯上者鮮矣니 不好犯上이오 而好作亂者 未之有也니라 君子는 務本이니 本立而道生하나니 孝弟也者는 其爲仁之本與인져"

○ 유자가 말하기를 "사람됨이 효도와 공경하고 위로 범접함을 좋아하는 사람이 도무지 웃어른을 침범하는 자는 없으며 웃어른을 범접하지 않으면서 난을 일으키는 것을 좋아하는 자는 없다. 군자는 근본을 세우고자 힘쓰니 근본이 서면 길이 생긴다. 효제는 바로 그 어짊을 일으키는 근본이니라."

논어 3강

子曰 "巧言令色이 鮮矣仁"이니라.
(자왈 교언영색 선의인)

  ○ 공자가 말하기를 "말을 잘하고 좋은 낯을 꾸미는 자는 어진 이가 적으니라."

曾子曰 "吾日三省吾身하노니 爲人謀而不忠乎아 與朋友交而不信乎아 傳不習乎하니라"
(증자왈 오일삼성오신 위인모이불충호 여붕우교이불신호 전불습호)

  ○ 증자가 말하기를 "나는 하루 세 번 내 몸을 살핀다. 남을 위해 일을 꾸미되 충성치 못했는가? 벗과 교제함에 신의를 잃지 않았는가? 배움을 익히지 않은바 없는가?"이니라.

子曰 "道千乘之國하되 敬事而信하며 節用而愛人하며 使民以時니라"

○ 공자가 말하기를 "천승나라를 다스림에 일을 경건 미덥게 하며, 절약하여 쓰고 사람을 사랑하며, 백성을 부리되 때를 맞추어야 한다."

논어 4강

子曰 "弟子入則孝하고 出則弟하며 謹而信하며 汎愛衆하되 而親仁이니 行有餘力이어든 則以學文이니라"

○ 공자가 말하기를 "제자는 들어와선 효도하고, 나아가선 공경하며, 미덥게 하며 넓게 여러 사람을 사랑하되 더욱 어진 이를 가까이할 것이니라. 이런 일을 하고 여가가 있거든 비로소 학문을 배워라."

子夏曰 "賢賢하되 易色하며 事父母하되 能竭其力하며 事君하되 能致其身하며 與朋友交하되 言而有信이면 雖曰未學이라도 吾必謂之學矣라 하니라"

○ 자하가 말하기를 "어진 사람을 어질게 대하며 색을 경시하고, 부모를 섬김에 그 힘을 다할 줄 알며, 임금을 섬기되 그 몸을 바칠 줄 알며, 벗을 사귐에 말에 신의가 있으면, 비록 배우지 않았다 해도 나는 반드시 그를 배운 사람이라 하겠다."

논어 5강

子曰 "君子不重則不威니 學則不固니라 主忠信
하며 無友不如己者요 過則勿憚改니라"
<sub>자왈 군자불중즉불위   학즉불고   주충신
        무우불여기자   과즉물탄개</sub>

○ 공자가 말하기를 "군자가 무게가 없으면 위엄이 없으니, 학문도 굳지 않다. 충성과 믿음을 지키라 하며, 나만 못한 자를 벗하지 말며, 허물이 있으면 꺼리지 말고 고쳐라."

曾子曰 "愼終追遠이면 民德이 歸厚矣"리라 子禽
이 問於子貢曰 "夫子이 至於是邦也하사 必聞其政
하시나니 求之與아 抑與之與아"

○ 증자 말하기를 "부모의 상을 신중히 모시고 조상 제사에 충심으로 추모하면 백성의 덕성이

돈후하게 되리라." 자금이 자공에게 묻기를 "선생께서 이 나라에 오시사 반드시 정치를 물으시니 임금이 찾을 것인가? 아니면 줄 것인가?"

子貢이 曰 "夫子는 溫 良 恭 儉 讓以得之시니
夫子之求之也는 其諸異乎人之求之與인저"

○ 자공이 가라되 "선생은 온순하고 선량하며, 공경하고, 검소하고, 겸양함으로써 얻었으니 선생께서 듣고자 원하셨다 하더라도 다른 사람의 요구와 다를진저."

논어 6강

子曰 "父在에 觀其志오 父沒에 觀其行이나 三年을 無改於父之道라야 可謂孝矣니라"

○ 공자가 말하기를 "아버지가 계시면 그 뜻을 살피고, 아버지가 돌아가심에 생존 시의 행적을 살필 것이나, 삼 년을 아버지의 도를 고치지 않아야 가히 효행이라 할 수 있다."

有子曰 "禮之用이 和爲貴하니 先王之道爲貴美라 小大由之이나 有所不行이니라 知和而和로대 不以禮節之면 亦不可行也니라"

○ 유자가 이르되 "예절의 행함에 조화가 귀함이 되니 선왕의 도가 그렇게 하는 것을 아름

답다 한다. 크나 적으나 모두 말미암이라 행하지 못할 바가 있으니 조화를 조화로만 알고 예로써 조절하지 않으면 역시 잘 이루지 못하는 것이 있다."

논어 7강

_{유자왈   신근어의   언가복야   공근어례}
有子曰 "信近於義면 言可復也며 恭近於禮면
_{원치욕야   인불실기친   역가종야}
遠恥辱也며 因不失其親이면 亦可宗也니라"

○ 유자가 말하기를 "믿음이 의리에 가까우면 말대로 실천하며, 공손함이 예절에 벗어나지 않아야 욕됨을 멀리할 수 있으며, 그 친함을 잃지 않아야 가히 존경하고 모실 수 있다."

_{자왈   군자식무구포   가무구안   민사어}
子曰 "君子食無求飽하며 居無求安하며 敏於事
_{사이신어   취유도이정언   가위호학야}
而愼於言이오 就有道而正焉이면 可謂好學也
_이
已니라"

○ 공자 말하기를 "군자는 먹음에 배부름을 구하지 않고, 편안함을 구하지 않으며, 일을 민

첩하게 하고 말을 신중히 하며, 도덕을 바르게 쫓아 고치면, 배우기 좋아한다고 할 수 있다."

논어 8강

子貢이 曰 "貧而無諂하며 富而無驕하되 何如하니잇고"
_{자공 왈 빈이무첨   부이무교   하여}

○ 자공이 말하기를 "가난해도 아첨하지 않으며, 부해도 교만하지 않는 것이 어떻습니까?"

子曰 "可也未若貧而樂하면 富而好禮者也니라"
_{자왈 가야미약빈이락   부이호예자야}

○ 공자 말하기를 "옳으나 가난하면서 즐기는 것만 갖지 못하고, 부하면서 예를 좋아하는 것만 못하다."

子貢이 曰 "詩云如切如磋하며 如琢如磨라 하니 其斯之謂與인저"
_{자공 왈 시운여절여차   여탁여마   기사지위여}

○ 자공이 왈 "시경에 끊은 것 같으며 간 것 같으며 좋은 것 같다 하니 그를 뜻하는 것일진저!"

_{자왈 사야   시가여언시이의   고제왕이지}
子曰 "賜也는 始可與言詩已矣로다 告諸往而知
_{래자}
來者온여"

○ 공자 말하기를 "사야는 비로소 너와 함께 시를 논할 수 있구나, 과거를 말함에 미래를 아는 자로다."

_{자왈   부환인지부기지   환불지인야}
子曰 "不患人之不己知오 患不知人也니라"

○ 공자 이르되 "남들이 나를 알지 못한다 근심을 말고, 남을 모를 것을 걱정할지니라."

논어 9강

子曰 "爲政以德이 譬如北辰이 居其所어든 而
衆星이 共之니라"

○ 공자가 말하기를 "정치를 덕으로써 다스림은 비유하건대 북극성이 그 자리에 있으되 뭇 별들이 한결같이 절하고 쫓음과 같다."

子曰 "詩三百이 一言以蔽之하니 曰思無邪니라"

○ 공자 말씀하시기를 "시경의 삼백 편의 시는 한마디로 시 정신이 순수하다."

子曰 "道之以政하고 齊之以刑이면 民免而無
恥니라 道之以德하고 齊之以禮면 有恥且格이

니라"

○ 공자 말하기를 "법으로 인도하고, 형벌로써 다지면 백성들이 빠져나가되, 염치를 느끼지 않는다. 덕으로써 인도하고, 예절로써 다지면 염치를 느껴 착하게 된다."

논어 10강

子曰 "五十有五而志于學하고 三十而立하고 四十而不惑하고 五十而知天命하고 六十而耳順하고 七十而從心所欲하여 不踰矩니라"

○ 공자가 말하기를 "나는 십오 세에 학문에 뜻을 두었고, 서른 살에 뜻이 섰고, 사십 세에 망설이지 않게 되고, 쉰 살에 하늘의 명을 알고, 육십 세에 남의 말이 귀에 순하여 거슬리지 않게 되고, 칠십 세에 마음 내키는 대로 법도에 어긋남이 없었노라."

논어 11강

孟懿子問孝한대 子曰 "無違니라" 樊遲御러니
子告之曰 "孟孫이 問孝於我어늘 我對曰無違라 호라"

○ 맹의자가 효행에 대하여 묻자, 공자가 말하기를 "도리에 어김이 없음이라."라고 하였다. 번지가 수레를 몰았더니, 공자가 말하기를 "맹손이 나에게 효도를 묻기에, 내가 도리에 어김이 없음이라."

樊遲曰 "何謂也잇고" 子曰 "生事之以禮하며 死葬之以禮하며 祭之以禮니라"

○ 번지가 "무슨 말씀이냐."라고 묻자 공자

가 말하기를 "부모가 살았을 때는 예로써 섬기고, 죽음에 예로써 모시고, 제사도 예로써 하느니라."

논어 12강

孟武伯이 問孝한대 子曰 "父母는 唯其疾之憂시니라"
_{맹무백   문효   자왈   부모   유기질지우}

○ 맹무백이 효도를 묻는데, 공자가 말하기를, "부모는 오직 자식이 병들까 근심하느니라."

子游問孝한대 子曰 "今之孝者는 是謂能養이니 至於犬馬하여도 皆能有養이니 不敬이면 何以別乎오"
_{자유문호   자왈 금지효자   시위능양   지어견마   개능유양   불경   하이별호}

○ 자유가 효도를 묻자, 공자가 대답하기를 "근자의 효도는 잘 기른다고 말하나니 개와 말도 키움을 받을 수 있는데, 존경하지 않으면, 어찌하여 다르랴."

子夏問孝한대 子曰 "色難이니 有事어든 弟子 服其勞하고 有酒食어든 先生饌이 曾是以爲孝乎아"

○ 자하가 효도를 묻자, 공자가 말하기를 "항상 즐거운 낯으로 부모를 섬김이 어렵다. 일이 있으면 젊은이들이 수고를 하고, 술과 음식이 있으면 먼저 대접함만을 가지고 어찌 효도라 이르랴."

논어 13강

子曰^{자왈} "吾與回^{오여회}로 言終日^{언종일}에 不違如愚^{불위여우}러니 退而^{퇴이}
省其私^{성기사}한대 亦足以發^{역족이발}하나니 回也不愚^{회야불우}로다"

○ 공자가 말하기를 "내가 안희와 더불어 종일토록 말을 하여도 한마디의 반대도 없어 마치 어리석음 같으니, 물러나서 그 사생활의 거처를 살펴보니 나의 말을 충분히 행동으로 실천해 내니, 안희는 어리석지 않은 사람이로다."

子曰^{자왈} "視其所以^{시기소이}하며 觀其所由^{관기소유}하며 察其所安^{찰기소안}이
면 人焉瘦哉^{인언수재}리오 人焉瘦哉^{인언수재}리오"

○ 공자가 말하기를 "그 행동을 보며, 그 행하고 종사하는 바를 보며, 그 즐겨 하고 편케 여기

는 바를 보며 인간을 감추어 숨길 수 있겠느냐! 결국 모두 드러내 보이기 마련이다."

子曰 "溫故而知新이면 可以爲師矣니라"
_{자왈 온고이지신 가이위사의}

○ 공자가 말하기를 "옛 학문을 충분히 복습하고 새것을 알면 가히 스승이 될 수 있다."

논어 14강

子曰 "君子는 不器니라"
_{자 왈   군 자   불 기}

　○ 공자 말하기를 "군자는 한 그릇처럼 되지 말지라."

子公이 問君子한대 子曰 "先行其言이요 而後 從지니라"
_{자 공   문 군 자   자 왈   선 행 기 언   이 후 종}

　○ 자공이 군자에 대해 묻자, 공자 말하기를 "말하고자 하는 바를 먼저 행하고, 그 뒤에 말이 행한 것을 쫓을지니라."

子曰 "君子는 周而不比하고 小人은 比而不周니라"
_{자 왈   군 자   주 이 불 비   소 인   비 이 불 주}

○ 공자 말하기를 "군자는 두루 통하면서 편당하지 아니하고, 소인은 편당하고 두루 통하지 못하느니라."

논어 15강

_{자왈   학이불사즉망   사이불학즉태}
子曰 "學而不思則罔하고 思而不學則殆니라"

○ 공자 말하기를 "배우기만 하고 생각지 않으면 없어지고, 사색만 하고 배우지 않으면 위태하니라."

_{자왈   공호이단   사해야이}
子曰 "攻乎異端이면 斯害也已니라"

○ 공자 말하길 "이단을 배우면 해로우니라."

_{자왈 유   회여지지호   지지위지지   불}
子曰 "由아 誨女知之乎인저! 知之爲知之오 不
_{지위부지   시지야}
知爲不知이 是知也니라"

○ 공자 말하길 "유야 너에게 앎을 가르쳐 주

마! 아는 것을 안다 하고, 모르는 것을 모른다 하는 것이 참으로 아는 것이니라."

논어 16강

子張이 學干祿한대 子曰 "多聞闕疑오 愼言其
餘則寡尤이며 多見闕殆오 愼行其餘則寡悔니
言寡尤하며 行寡悔면 祿在其中矣니라"

○ 자장이 관록 구하는 법을 묻자, 공자 말하길 "많이 듣고, 의아한 것은 버리고 그 나머지를 삼가 말하면 허물이 적고, 많이 보되 확고하지 못한 것을 빼놓고 나머지만을 실천하면 후회가 적을 것이니, 말에 허물이 적고, 행실에 뉘우칠 바가 적으면 관록은 스스로 있게 마련이다."

哀公이 問曰 "何爲則民服이니잇고" 孔子對曰
"擧直錯諸枉則民服하고 擧枉錯諸直則民不服
이니이다"

○ 애공이 "어찌하면 백성이 복종하는가?" 하고 묻자, 공자 말하길 "곧은 것은 들고 굽은 것을 그만두면 백성이 따르고, 굽은 것을 들고 곧은 것을 그만두면 백성이 따르지 않느니라."

논어 17강

_{계 강 자 문   사 민 경 충 이 권   여 지 하}
系康子問 "使民敬忠以勸하되 如之何리잇고"
_{자 왈   임 지 이 장 즉 경   효 자 즉 충   거 선 이}
子曰 "臨之以莊則敬하고 孝慈則忠하고 擧善而
_{교 불 능 즉 권}
教不能則勸이니라"

○ 계강자가 묻기를 "백성으로 하여금 공경하고 충성스럽게 하고 선을 권하려면 어떻게 합니까?" 공자 말하길 "처하고 대하기를 장중하게 하면 경건해지고, 효도와 자비로 일하면 충성스러워지고, 선인을 등용하고 부족한 사람을 가르쳐 주면 선행을 권면하는 것이오."

_{혹 이   위 공 자 왈   자   해 불 위 정}
或曰 謂孔子曰 "子는 奚不爲政이시니잇고"

○ 누가 공자에게 묻기를 "공자는 왜 정치를

아니하십니까?"

子曰 "書云孝乎인저 惟孝하며 友于兄弟하여 施於有政이라 하니 是亦爲政이니 奚其爲政이리오"

○ 공자 말하기를 "서경에 효도를 말했음인즉 효도하며 형제로서 우애하여 정치 있는 곳에 시행한다 하니, 이것이 바로 정치에 참여하는 길이다 하니, 어찌 따로 그 정치 아니한다 하리오."

논어 18강

_{자왈 인이무신   부지기가야   대거무예}
子曰 "人而無信이면 不知其可也케라 大車無輗
_{소거무월   기하이행지재}
하며 小車無軏이며 其何以行之哉리오"

○ 공자가 말하기를 "사람으로서 신의가 없으면 그가 옳은가를 알지 못하리라. 커다란 수레가 멍이 없고, 작은 수레가 월이 없으면 어떻게 굴러가리오."

_{자장   문 십세   가지}
子張이 問 "十世를 可知야잇가"

○ 자장이 묻되 "앞으로 십 대의 일을 가히 알겠습니까."

논어 19강

子曰 "殷因於夏禮하니 所損益을 可知也며 周
因於殷禮하여 所損益을 可知也니 其或繼周者
면 雖百世라도 可知也니라"

○ 공자 말하기를 "은나라는 하나라 예를 따랐으니 잘잘못을 가히 알 것이며, 주나라는 은나라 예를 따랐으니 잘잘못을 가히 알 것이니 그 혹 주나라 예를 계승한다면 백세라도 가히 알 것이니라."

1세가 30년, 10세가 300년이면 100세면 3000년이니 좋은 예는 오래간다.

한 가정도 효도의 예절을 계승하여 내려간다면, 그 집안은 몇백 세라도 계승하여 좋은 인재와 나라의 동양이 날 것이며 그 나라 빛을 온 세계에 비출 것이니라.

子曰 "非其鬼而祭之諂也요 見義不爲 無勇也니라"

○ 공자 말하길 "자기가 모실 귀신도 아닌데 제사 지냄이 아첨한 일이고, 정의를 보고 알면서 실천하지 않음은 용기가 없는 것이다."

논어 20강

孔子謂系氏하사대 "八佾舞於庭하니 是可忍也인댄 孰不可忍也이리오"

○ 공자 계씨에게 이르되 "팔일무를 뜰에서 춤을 추게 하다니 이런 일을 참아 낸다면 그 무슨 짓을 참지 못하리오."

三家者以雍徹이러니 子曰 "相維避公이어늘 天子穆穆을 奚取於三家之堂인고"

○ 맹손, 숙손, 계손 세 집에서 제사를 끝낼 때 옹의 시를 노래하니 공자 말하기를 "벽공들이 서로 돕거늘 천자가 기뻐하심을 어찌 세 대부의 사당에서 취하는고."

논어 21강

子曰 "人而不仁이면 如禮에 何며 人而不仁이면 如樂하오"

○ 공자가 말하기를 "사람이 어질지 못하면 예를 어떻게 하며, 사람이 어질지 못하면 악은 어떻게 할 것이냐?"

林放이 問禮之本한대 子曰 "大哉라 問이여 禮이 與其奢也론 寧儉이오 喪이 與其易也론 寧戚이니라"

○ 입방이 예절의 근본을 물으니 공자께서 "큰 질문이구나, 예는 사치한 것보다는 차라리 검소할 것이요, 상을 치름에 차림보다는 슬픔이 있어야 하느니라."

논어 22강

_{자왈   이적지유군   불여제하지망야}
子曰 "夷狄之有君이 不如諸夏之亡也니라"

○ 공자 말하기를 "오랑캐의 나라에 군왕이 있으나 제하에 없는 것만 같지 못하니라."

_{계씨여어태산   자위염유왈   여불능구여}
季氏旅於泰山이러니 子謂冉有曰 "女不能救與
_{대왈 불능}
아" 對曰 "不能이로소이아"

○ 계씨가 태산에서 제사를 지내거늘, 공자께서 염유에게 묻기를 "네가 구할 수 없는가?" 하여 "제 힘으론 불능합니다."라고 대답하자,

_{자왈 오호   중위태산   불여림방호}
子曰 "嗚呼라 曾謂泰山이 不如林放乎아"

○ 공자 말하길 "슬프다. 태산의 예를 물었던 임방만큼 중히 여기지 않는구나."

논어 23강

子曰 "君子無所爭이나 必也射乎인저 揖讓而升하여 下而飮하나니 其爭也君子니라"
<small>자왈 군자무소쟁 필야사호 읍양이승 하이음 기쟁야군자</small>

○ 공자가 말하기를 "군자는 경쟁하지 않는다. 반드시 경쟁해야 할 것이 있다면 활쏘기일지라. 서로 읍하고 사양해서 활 쏘는 당에 오르고 내려와서 승자가 패자에게 벌주를 주나니, 그 경쟁하는 품이 과연 군자니라."

者夏問曰 "巧笑倩兮며 美目盼兮여 素以爲絢兮라 하니 何謂也잇고"
<small>자하문왈 교소천혜 미목반혜 소이위현혜 하위야</small>

○ 자하가 묻기를 "곱게 웃는 품 아름다움이고, 아름다운 눈에 검은 눈동자가 선명하여 흰 분에 더욱 빛나리라." 하니 무슨 뜻입니까?

논어 24강

子曰 "繪事後素니라"
_{자왈 회사후소}

曰 "禮後乎인저"
_{왈 예후호}

子曰 "起予者는 商也로다 始可與言詩已矣로다"
_{자왈 기여자 상야 시가여언시이의}

○ 공자 말하기를 "그림 그릴 때에 채색을 마치고 흰 가루로 바탕을 칠하는 격과 같다."라고 하자, 자하 말하기를 "예를 뒤로할진저." 공자 말하길 "나를 일으키자는 상야로다. 가히 처음으로 같이 시경을 말할 만하구나."

子曰 "夏禮를 吾能言之나 杞不足徵也며 殷禮를 吾能言之나 宋不足徵也는 文獻이 不足故也니 足則吾能徵之矣로라"

○ 공자가 말하기를 "하나라의 예를 능히 내가 말할 수 있으나, 기나라에 실증할 사물이 부족하고, 은나라의 예로 내 능히 말할 수 있으나, 송나라에도 실증할 일이 부족한 것은 문헌이 부족한 탓이니, 문헌이 족하면 내 능히 증명하리라."

논어 25강

子曰 "禘自旣灌而往者는 吾不欲觀之矣로라"
<small>자왈 체자기관이왕자 오불욕관지의</small>

○ 공자 말하기를 "체 제사에 올창주를 올린 다음부턴 나는 보고자 하지 않노라."

或이 問禘之說한대 子曰 "不知也로라 知其說者之於天下也에 其如示諸斯乎인저" 하시고 指其掌하시다 祭如在하시며 祭神如神在러시다.

○ 누가 체 제사의 제에 대해 물으니 공자 이르기를 "알지 못하오. 그 말을 잘 아는 사람이 천하를 다스린다면 마치 자기 손바닥 위에 놓고 다스리는 것과 같다."라고 하시고, 그 손바

닥을 가리키셨다. 제사를 지내심에 조상이 앞에 계시는 듯이 하셨고 신을 제사함에 신이 앞에 있는 듯 공경하여 지내시었다.

^{자왈   오불여제   여불제}
子曰 "吾不與祭면 如不祭니라"

○ 공자께서 말씀하시기를 "제사에 참석하지 않으면 안 지냄과 같다 하시니라."

논어 26강

_{왕손가문왈   여기미어오   녕미어조}
王孫賈問曰 "與其媚於奧론 寧媚於竈라 하니
_{하위야}
何謂也잇고?"

○ 왕손가가 묻기를 "그 오에 아첨하느니보다는 부엌에 아첨하라 하니 무슨 뜻입니까?"

_{자왈   불연   획죄어천   무소도야}
子曰 "不然하다 獲罪於天이면 無所禱也니라"

○ 공자 말하기를 "그렇지 않다. 하늘에 죄를 지으면 빌 곳이 없느니라."

_{자왈   주감어이대   욱욱호문재   오종주}
子曰 "周監於二代하니 郁郁乎文哉라 吾從周하니라"

○ 공자 말하기를 "주나라는 하나라, 은나라를 보았으니 문물제도가 빛나고 문화가 빛난다. 나는 주나라를 따르리라."

논어 27강

子入太廟하사 每事를 問하신대 或이 曰 "孰謂
鄒人之子를 知禮乎오 入太廟하야 每事를 問이
온녀" 子問之하시고 曰 "是禮也니라"

○ 공자가 대묘(주공의 사당)에 들어가심에 제사 지낼 때 일일이 물으니, 어떤 사람이 "누가 추인의 아들을 예를 안다고 했는고? 대묘에 들어가서 일일이 묻더라." 공자 들으시고 말하길 "이것이 바로 예이니라."

子曰 "射不主皮爲力不同科하니 古之道也니라"

○ 공자 말하기를 "활쏘기에 가죽 뚫기를 주력하지 않았음은 힘의 등급이 같지 아니함을 위한 것이니, 옛날의 도니라."

논어 28강

_{자공   욕거고삭지희양   자왈   사야   이}
子貢이 欲去告朔之犧羊한대 子曰 "賜也아 爾
_{애기양   아애기예}
愛其羊가 我愛其禮하노라"

○ 자공이 초하루마다 제에 고하는 산양을 치우려고 하자, 공자 말하길 "사야 너는 양을 아까워하는가, 나는 그 예를 아까워하노라."

_{자왈   사군진례   인   이위첨야}
子曰 "事君盡禮를 人이 以爲諂也라 하노라"

○ 공자 말하기를 "임금을 섬기는 데 예를 극진히 하는 것을 타인은 아첨한다고 한다."

_{정공   문   군사신   신사군   여 지 하}
定公이 問 "君使臣하며 臣事君하되 如之何잇고"

○ 정공이 묻기를 "임금이 신하를 쓰고, 신하가 임금을 섬기는 데는 어떻게 합니까?"

孔子對曰 "君使臣以禮하며 臣事以君忠이니이다"
_{공자대왈   군사신이예   신사이군충}

○ 공자가 대답하기를 "임금은 신하를 쓰되 예로써 하며, 신하는 임금 섬기기를 충성으로써 하면 된다."라고 하였다.

논어 29강

子曰 "關雎는 樂而不淫하고 哀而不傷이니라"
_{자왈 관저 낙이불음 애이불상}

○ 공자 말하기를 "시경의 관저편은 즐거우되 지나치지 않고 슬퍼도 화를 상하지 않느니라."

哀公이 問社於宰我하신대 宰我對曰 "夏后氏는 以松이오 殷人은 利栢이오 周人은 以栗이니 曰 使民戰栗이니이다"

○ 애공이 사에 대해 재아에게 묻자 대답하기를 "하후씨는 소나무를 심었으며, 은나라 사람은 잣나무로 했으며, 주나라 사람은 밤나무로써 했으니 백성으로 하여금 겁내게 함이라."

子問之하시고 曰 "成事라 不說하여 遂事라 不諫하며 旣往이라 不咎이로다"

○ 공자가 듣고 말하기를 "이루어진 일이라 말하지 못하며 고칠 수 없는 일이라 간하지 않겠고, 이미 지나간 일이라 탓하지 못하리로다."

논어 30강

子曰 "管仲也器小哉라"
<small>자왈 관중지기소재</small>

　○ 공자 말하기를 "관중의 기량이 적은지라."

或이 曰 管仲은 儉乎잇까"
<small>혹 왈 관중 검호</small>

　○ 누가 말하기를 "관중은 검소했습니까?"

曰 "管氏有三歸하여 官事를 不攝하니 焉得儉이리오"
<small>왈 관씨유삼귀 관사 불섭 언득검</small>

　○ 말하기를 "관씨는 삼귀를 두었으며, 관의 일을 겸하지 않으니 어찌 검소하겠느냐?"

"然則管仲은 知禮乎잇까"

○ "그러면 관중은 예를 알았습니까."

曰 "邦君이아 樹索門이어늘 觀氏亦樹索門하며 邦君이아 爲兩君之好에 有反坫이어늘 管氏亦有反坫하니 管氏而知禮면 孰不知禮리오"

○ 공자 말하길 "임금이라야 문에 병풍을 가리우거늘 관씨 역시 문에 병풍을 가리우며 나라 임금이라야 두 임금이 모여 좋아함을 위하여 술잔 올려놓는 자리를 두거늘 관씨가 또 술잔을 되돌려 놓는 자리를 두었으니 관씨가 예를 안다면 누가 예를 알지 못하리오."

논어 31강

子語魯大師樂曰 "樂은 其可知也니 始作에 翕
如也하야 從之에 純如也하며 皦如也하며 繹
如也하며 以成이어라"

○ 공자께서 노나라 대사악에 말하기를 "음악은 그 가히 할 것이니 시작할 때는 잘 맞고 이어서 잘 조화되어, 그러면서 각음이 뚜렷하고, 끝까지 보드랍게 이어져 나감으로써 이루어지는 것이다."

儀封人이 請見曰 "君子之至於斯也에 吾未嘗不
得見也로다" 從者見之한대 出曰 "二三子는 何
患於喪乎리오 天下之無道也久矣라 天將以夫
子로 爲木鐸이시니라"

○ 의나라 봉인이 공자를 만나고 청하기를 "군자가 이곳에 왔을 적에 내가 일즉 찾아뵙지 아니함은 아니로다." 종자가 그를 안내해 보이니 공자 말하기를 "자네들은 어찌 잃었다고 근심하리요. 천하에 도가 없어진 지 오래다. 하늘이 선생님으로 하여금 목탁을 삼으시리라."

논어 32강

子謂韶하시되 "盡美矣오 又盡善也라" 하시고
謂武하시되 "盡美矣오 未盡善也라" 하시다.

○ 공자 순왕의 음악인 소를 평하시기를 "극진히 아름답고 또 극진히 착하다." 또 무왕의 무악을 평하시되 "극진히 아름다우나 진선은 이루지 못했다."

子曰 "居上不寬하며 爲禮不敬하며 臨喪不哀면
吾何以觀之哉리오"

○ 공자 말하기를 "위에 있으며 너그럽지 못하며, 예를 지키되 공경스럽지 못하고 상을 당하여 슬퍼 아니하면 내 무엇으로 쓸모 있음을 보겠느냐."

논어 33강

子曰 "里仁이 爲美하니 擇不處仁이면 焉得知리오"

○ 공자 말하기를 "어질게 사는 것이 아름다움이 되니, 스스로 가려서 어질음에 처하지 아니하면 어찌 지혜롭다 하리오."

子曰 "不人者는 不可以久處約이며 不可以長處樂이니 仁者는 安仁하고 知者는 里仁이니라.

○ 공자 말씀하시기를 "어질지 못한 자는 곤궁에 처해 오래 있지 못하며 관락한 곳에도 오래 있지 못한다. 어진 자는 어짊에 안주하고, 지혜로운 자는 어짊을 이롭게 여기리라."

논어 34강

子曰 "惟仁者이아 能好人하며 能惡人이니라"

○ 공자 말하길 "오로지 어진 자라야 사람을 좋아할 줄 알고 미워할 줄도 안다."

子曰 "苟志於仁矣면 無惡也니라"

○ 공자 말하길 "진실로 인에 뜻을 두면 악함이 없다."

논어 35강

子曰 "富與貴는 是人之所欲也나 不以其道로 得之어던 不處也하며 貧與賤이 是人之所惡也이나 不以其道로 得之라도 不去也니라"

○ 공자 말하기를 "부와 귀함은 누구나 탐내는 것이나, 정도로써 얻음이 아니면 누리지 말며, 가난과 천함은 사람이 싫어하는 바지만 정도로 얻음이 아니라도 버리지 말고 감수하라."

"君子去仁이면 惡乎成名이리오 君子無終食之間을 違仁이니 造次에 必於是하며 顚沛에 必於是니라"

○ "군자가 인을 버리면 어찌 그 이름을 이루

리오. 군자는 밥 먹는 사이라도 인을 어기지 말고, 다급한 때일지라도 반드시 인에 의지하고, 넘어질 때라도 반드시 인에 의지해야 한다."

논어 36강

子曰 "我未見好仁者와 惡不仁者케라 好仁者는 無以尙之오 惡不仁者는 其爲仁矣에 不使不仁者로 加乎其身이니라. 有能一日에 用其力於仁矣乎아 我未見力不足者케라 蓋有之矣어늘 我未之見也로다"

○ 공자 말하기를 "내 지금까지, 인을 좋아하는 사람이나 불인을 미워하는 자를 보지 못했노라. 인을 좋아하는 사람은 더할 것이 없고, 불인을 미워하는 자는 그 인을 행함에 불인으로 하여금 그 몸에 더하지 않게 함이라. 만약 하루라도 힘을 인을 위해 쓸 수 있는 이가 있는가. 내 힘이 부족한 자는 보지 못했노라. 아마 있을 것이나 내가 보지 못하였다."

논어 37강

子曰 "人之過也各於其黨이니 觀過에 斯知仁矣니라"

　○ 공자 말하기를 "사람의 허물에는 저마다의 유별이 있으니, 허물을 보면 인자인가를 알 수 있다."

子曰 "朝聞道면 夕死라도 可矣니라"

　○ 공자 말하기를 "아침에 도를 들어 깨달으면, 저녁에 죽어도 좋으니라."

子曰 "士志於道而恥惡衣惡食者는 未足與議也니라"

○ 공자 말하기를 "선비가 도에 뜻을 두고 험한 의식을 부끄럽게 여기면 같이 의논할 자격이 없다."

子曰 "君子之於天下也에 無適也하며 無莫也하야 義之與比니라"
_{자 왈 군 자 지 어 천 하 야   무 적 야   무 막 야   의 지 여 비}

○ 공자 말하기를 "군자는 천하에 준적함도 없으며, 아니함도 없어서 의리로 견줄 뿐이니라."

논어 38강

^{자왈   방어리이행   다원}
子曰 "放於利而行이면 多怨이니라"

○ 공자가 말하기를 "이익만을 의지해서 행동하면 원망이 많으니라."

^{자왈   능이예양   위국호   하유   불능}
子曰 "能以禮讓이면 爲國乎에 何有이면 不能
^{이예   위국   여례   하}
以禮양으로 爲國이면 如禮에 何리오"

○ 공자가 말하기를 "능히 예와 겸양을 행하면 나라를 다스리는 데 무슨 어려움이 있으며, 그렇지 못하면 형식만의 예는 있어 무엇 하리오."

^{자왈   불환무위   환소이립   불환막기지}
子曰 "不患無位오 患所以立하며 不患莫己知오
^{구위가지야}
求爲可知也니라"

○ 공자가 말하기를 "지위 없음을 근심하지 말며 나설 수 있는 능력을 걱정하라. 나를 몰라 줌을 근심 말며 알려질 일을 하기에 힘써라."

논어 39강

子曰 "參乎아 五道는 一以貫之니라"
_{자 왈   삼 호   오 도   일 이 관 지}

　○ 공자 말하기를 "삼아! 나의 도리는 한줄기로 관통돼 있다."

曾子曰 "唯라"
_{증 자 왈   유}

　○ 증자 말하기를 "예!"라 답하니,

子出키시늘 門人이 問曰 "何謂也잇고"
_{자 출   문 인   문 왈   하 위 야}

　○ 공자 나가거늘 문인들이 물어 말하기를 "어떤 일음입니까?"

曾子曰 "夫子之道는 忠恕而已矣니라"

○ 증자 말하기를 "선생님의 도는 충성과 용서뿐이라 하니라."

子曰 "君子는 喩於義하고 小人은 喩於利니라"

○ 공자 말하기를 "군자는 의리에 깨닫고 소인은 이를 밝힌다."

子曰 "見賢思齊焉하며 見不賢而內自省也니라"

○ 공자 말하기를 "어진 이를 보고 그와 같이 되기를 생각하고, 어질지 아니한 것을 보면 안으로 스스로 반성해야 하느니라."

子曰 "事父母하되 幾諫이니 見志不從하고 又敬不違하며 勞而不怨이니라"

○ 공자 말하기를 "부모를 섬기되 순하게 간하고 설혹 나의 뜻을 안 좇으셔도 또 공경해서 어기지 않으며, 수고로움을 시켜도 원망하지 않을지니라."

논어 40강

子曰 "父母在이시던 不遠遊하며 遊必有方이니라"
_{자왈 부모재   불원유   유필유방}

　○ 공자 말하기를 "부모님이 생존해 계시거든 멀리 떨어져 놀지 말며 반드시 가는 곳을 알려야 한다."

子曰 "三年을 無改於父之道라야 可謂孝矣니라"
_{자왈 삼년   무개어부지도   가위효의}

　○ 공자 말하기를 "삼 년을 선친의 도를 고치지 않아야 가히 효도라 하느니라."

논어 41강

子曰 "父母之年은 不可不知也니 一則以喜오 一則以懼니라"

○ 공자가 말하기를 "부모의 나이는 반드시 알아 두어야 하나니. 한편으론 즐겁고 한편으론 두려우니라."

子曰 "古者에 言之不出은 恥躬之不逮也니라"

○ 공자 말하기를 "옛사람이 말을 함부로 하지 않은 것은, 몸이 미치지 못할까 부끄러이 하는 것이니라."

子曰 "以約失之者鮮矣니라"

○ 공자가 말하기를 "모든 일을 간략 조심하는 자로서 실수하는 자가 드무니라."

子曰 "君子는 欲訥於言而敏於行이니라"
_{자 왈 군 자 욕눌어언이민어행}

○ 공자 말하기를 "군자는 말은 무디되 행동은 민첩하고자 하느니라."

子曰 "德不孤라 必有隣이니라"
_{자 왈 덕불고 필유린}

○ 공자 왈 "덕은 외롭지 않다. 반드시 이웃이 있다."

子遊曰 "事君數어며 斯欲矣오 朋友數이면 斯疎矣니라"
_{자유왈 사군삭 사욕의 붕우삭 사 소 의}

○ 자유가 말하기를 "임금을 섬기기를 지나치게 간언을 자주 하면 욕을 보고 벗 사귀기를 자주 하면 소원해지니라."

논어 42강

子謂公治長하사대 "可妻也로다 雖在縲絏之中
이나 非其罪也라" 하시고 以其子로 妻之하시다

○ 공자가 공야장을 이르되 "가히 사위로 삼을 만하도다. 비록 옥중에 구속되어 있으나, 그의 죄는 아니다." 하시고, 자기 딸로써 처를 삼게 하시다.

子謂南容하사대 "邦有道에 不廢하며 邦無道
이 免於刑戮이라" 하시고 以其兄之子로 妻之
하시다

○ 공자가 남용을 평하여 "나라에 도가 있을 때는 폐함을 당하지 않았으며, 나라에 도가 없

을 때는 형벌이나 주륙을 면하였다." 하고 그 형의 딸을 그의 처로 주었다.

논어 43강

子謂子賤하사대 "君子哉라 若人이여 魯無君子者면 斯焉取斯리오"
<small>자위자천   군자재   약인   노무군자자   사언취사</small>

○ 공자 자천을 이르되 "군자로다. 이 사람이여 노나라에 군자가 없다면, 어디서 이 사람을 취하리오."

子貢이 問曰 "賜也는 何如하기잇고" 子曰 "女는 器也니라" 曰 "何器也잇고" 曰 "瑚璉也니라"
<small>자공   문왈 사야   하여   자왈 여 기야   왈 하기야   왈 호련야</small>

○ 자공이 물어 말하기를 "사야는 어떠합니까?" 공자 말하길 "한 그릇이니라." 사가 말하기를 "무슨 그릇입니까?" 공자 답하기를 "호와 연 그릇이로다."

_혹 _왈 _{옹야} _{인이불영}
或이 曰 "雍也는 仁而不佞이로다"

○ 누가 말하기를 "옹은 인은 있으나 구변이 없구나."

논어 44강

子曰 "焉用佞리오 禦人以口給하여 屢憎於人하나니 不知其仁이어니와 焉用佞이리오"

○ 공자 말하기를 "어찌 구변이 필요하겠는가. 남은 구변으로써 막으면 남에게 미움을 받는다. 내가 그가 어진 줄은 잘 모르나 어찌 말 잘할 필요가 있겠는가."

子使漆雕開로 任하시대 對曰 "吾斯之未能信이로소이다" 子說하시다.

○ 공자가 칠조개에게 벼슬하라 하시며 대답하기를 "내 도리에 능히 믿음이 없소이다." 하니 공자 기뻐하다.

子曰 "道不行이라 乘浮하여 浮于海호리니 從我者는 其由與저" 子路聞之하고 喜한대

○ 공자 말하기를 "도가 행하여지지 않으니, 떼를 타고 바다에 뜰까 하니, 나를 따를 자는 자유일 것이라."라고 말씀하시자, 자로가 이를 듣고 기뻐하니,

子曰 "由也는 好勇이 過나 無所取材로다"

○ 공자 하는 말이 "유는 용맹을 좋아함을 나보다 더하나, 사리를 재량 분간할 줄 모른다."

논어 45강

孟武伯이 問 "子路는 仁乎잇가"

○ 맹무백이 묻기를 "자로는 인자합니까."

子曰 "不知也로다"

○ 공자 말하기를 "어떤지 모르겠구나."라고 대답하자,

又問한대 子曰 "由也는 千乘之國에 可使治其賦也어니와 不知其仁也케라" "求也는 何如하니잇고"

○ 맹무백이 또 묻자 공자 말하기를 "유는 천

승의 나라에 가히 그 군사 일을 다스릴 수 있으나, 그 인자함은 알지 못하겠노라." "구는 어떠합니까."

子曰"求也는 千室之邑과 百乘之家에 可使爲之宰也어니와 不知其仁也케라
_{자왈 구야 천실지읍 백승지가 가사위 지재야 부지기인야}

○ 공자 말하기를 "구는 천호의 큰 읍이나 대신집에서 가신을 삼을 수 있으나 그가 어진지는 잘 모르겠구나."

"赤也는 何如하니잇고" 子曰"赤也는 束帶立於朝하여 可使與賓客言也어니와 不知其仁也케라"
_{적야 하여 자왈 적야 속대립 어조 가사여빈객언야 부지기인야}

○ "적은 어떠합니까." 공자 말하기를 "적은 예복에 띠를 띠고 조정에 서서 가히 빈객들과 더불어 응대하게 할 수는 있으나 그가 인자한지 어떤지는 모르겠노라." 하시다.

논어 46강

_{자위자공왈   녀여회야   숙유   대왈   사야}
子謂子貢曰 "女與回也로 孰愈오" 對曰 "賜也
_{하감망회   회야   문일이지십   사}
는 何敢望回리잇고 回也는 聞一以知十하고 賜
_{야   문일이지이}
也는 聞一以知二하노이다"

○ 공자가 자공에게 일러 말하기를 "너와 희 중 누가 더 나으냐." 대답하여 말하기를 "제가 어찌 감히 희를 바라겠습니까."

_{자왈   불여야   오여여   불여야}
子曰 "不如也니라 吾與女의 弗如也하노라"

○ 공자 말하기를 "희만 못하리라. 내가 너와 같지 못하다 함을 인정하겠는가."

_{재여주침   자왈   후목   불가조야   분}
宰予晝寢이어늘 子曰 "朽木은 不可雕也며 糞

^{주지장} ^{불가오야} ^{어여여} ^{하주}
主之墻은 不可汚也니 於予與에 何誅리오"

○ 재여가 낮잠을 자거늘 공자 말하기를 "썩은 나무는 조각할 수 없으며, 거름흙으로 쌓은 담은 곱게 다듬지 못하나니, 재여 같은 자를 어찌 꾸짖으리오."

^{자왈} ^{시오어인야} ^{청기언이신기행} ^금
子曰 "始吾於人也에 聽其言而信其行이라니 今
^{오어인야} ^{청기언이관기행} ^{어료여}
吾於人也에 聽其言而觀其行하노니 於予與에
^{개시}
改是와라"

○ 공자 말하기를 "전에는 그 말을 듣고서 그 행하는 바를 살피게 되었으니, 재여로 해서 내 이렇게 사람 대하는 태도를 고치게 되었다."

논어 47강

子曰 "吾未見剛者케라" 或이 對曰 "申棖이니
이다" 子曰 "棖也는 慾이어니 焉得剛이리오"

　○ 공자 말하기를 "나는 강직한 사람을 못 보았노라." 누가 답하여 말하기를 "그는 신정입니다."라고 대답하였다. 이에 공자 말하기를 "정이는 욕심이 많다. 어찌 강직할 수 있겠는가."

子貢이 曰 "我不欲人之加諸我也를 吾亦欲無加
諸人하노이다" 子曰 "賜也아 非爾所及也니라"

　○ 자공이 말하기를 "나는 남이 나에게 억지를 가하는 것도 원하지 않으며, 나 또한 남에게 억지를 가하는 것을 원치 않습니다."라고 하자

공자 말하기를 "사야 네가 할 수 있는 바가 아니다."

논어 48강

子貢이 曰 "夫子之文章은 可得而聞也어니와
夫子之言性與天道는 不可得而聞也니라"

　○ 자공이 이르기를 "선생님의 문장은 누구나 얻어 들었으나 인간의 성리와 천도에 관한 말씀은 가히 얻어 듣지 못했느니라."

子路는 有聞이오 未之能行하여서 唯恐有聞하더라.

　○ 자로는 가르침을 받고, 그것을 미처 다 실행하지 못했으면 또 다른 가르침이 있을 것을 두려워했다.

子貢이 問曰 "孔文子를 何以謂之文也잇고 子曰 "敏而好學하며 不恥下問이라 是以謂之文也니라"

○ 자공이 물어 말하기를 "공문자를 어찌 문이라 시호를 붙였습니까?" 공자 말하기를 "민첩한데도 배우기를 좋아하고, 아랫사람에게 묻기를 부끄러이 여기지 않으므로 문이라 이르느니라."

논어 49강

_{자 위 자 산}　　　　　_{유 군 자 지 도 사 언}　　_{기 행 기}
子謂子産하사대 "有君子之道四焉이니 其行己
_{야 공}　　_{기 사 상 야 경}　　　_{기 양 민 야 혜}　　_기
也恭하며 其事上也敬하여 其養民也惠하며 其
_{사 민 야 의}
使民也義니라"

○ 공자께서 자산에게 말하기를 "군자가 지녀야 할 도에 네 가지가 있으니, 그 몸가짐을 공손히 하며, 그 윗사람 섬김에 공경하며, 그 백성을 부리는 데 의로 하느니라."

_{자 왈}　　_{안 평 중}　　_{선 여 인 교　구 이 경 지}
子曰 "晏平仲은 善與人交 久而敬之온녀"

○ 공자 말하기를 "안평중은 착하게 남과 사귀었다. 오래되어도 공경한다."

子曰 "臧文仲이 居蔡호대 山節藻梲하니 何如
其知也리오"

　○ 공자 말하기를 "장문중이 채를 감추되 절에 산을 그리며 대들보에 무늬를 그렸으니, 어찌 그를 안다 하리오."

논어 50강

子張이 問曰 "令尹子文이 三仕爲令尹호대 無
喜色하며 三已之호대 無慍色하여 舊令尹之政
을 必以告新令尹하니 何如하니잇고"

○ 자장이 물어 이르기를 "영윤인 자문이 세 번이나 영윤벼슬을 하였어도 즐거워하는 빛이 없으며, 세 번이나 그만두었으나 노여운 빛이 없어서 또 전임 영윤의 정사를 반드시 후임 영윤에게 일러 주니 어떻습니까?"

子曰 "忠矣니라" 曰 "仁矣乎잇가" 曰 "未知케
라 焉得仁이리오"

○ 공자 말하기를 "충성스러우니라." 이에 또

"인이라 하겠습니까?" 되물으니 "아직 알지 못하니, 어찌 어질다 하겠는가?"라고 대답하였다.

"崔子弑齊君이어늘 陳文子有馬十乘이러니 棄
而違之하고 至於他邦하여 則曰'猶吾大夫崔子
也라하고' 違之하며 之一邦하여 則又曰"猶吾
大夫崔子也라" 違之하니 何如하니잇고"

○ 공자 말하기를 "그는 청백하다." 하시니 자장이 "인이라 할 만합니까." 최자가 제나라 임금을 죽이거늘, 진문자는 십 승의 말을 버리고 제나라를 떠나 다른 나라에 갔으나, 거기서도 역시 "우리나라의 최자와 같다. 하고 가니 어떠합니까?"

子曰 "淸矣니라" 曰 "仁矣乎잇가" 曰 "未知케라 焉得仁이리오"

○ 공자 대답하기를 "알지 못하니 어찌 지혜롭다 하랴."

논어 51강

季文子三思而後에 行하더니 子聞之하시고 曰
"再斯可矣니라"

○ 계문자는 세 번 생각한 뒤에 실행한다 하니, 공자 듣고 말하기를 "두 번이면 된다." 하다.

子曰 "甯武子邦有道則知하고 邦無道則愚하니 其知는 可及也어니와 其愚는 不可及也니라"

○ 공자 말하기를 "영무자는 나라에 도가 있으면 지혜롭고 나라에 도가 없으면 어리석은 척했으니, 그의 지혜로운 척함은 가히 따를 수 있으나 어리석은 척함은 가히 따르지 못하노라."

子在陳하사 曰 "歸與歸與고저 吾黨之小子狂簡하여 斐然成章이오 不知所以裁之로다"

○ 공자 진나라에 있어 말하기를 "돌아가라, 나의 고장 젊은이들은 뜻 크고 진취적이긴 하나 조잡하고 알차지 못하며, 문물은 빛나나 그것을 바르게 활용할 줄 모르니."

논어 52강

子曰 "伯夷叔齊는 不念舊惡이라 怨是用希"

　○ 공자 말하기를 "백이와 숙제는 지난 악을 생각지 않았다. 그러므로 원망이 이로써 드물었느니라."

子曰 "孰謂微生高直고 或이 乞醯焉이어늘 乞諸其鄰而與之온녀"

　○ 공자 말하기를 "누가 미생고를 곧다고 하는가? 어떤 사람이 그에게 식초를 얻고자 하거늘 그 이웃집에서 얻어서 주었다."

子曰 "巧言영色足恭을 左丘明이 恥之러니 丘

亦恥之하노라 匿怨而友其人을 左丘明이 恥之
러니 丘亦恥之하노라"

○ 공자 말하기를 "공교로이 말하며, 낯빛을 부드럽게 하고, 지나치게 공손한 척함을, 좌구명은 부끄러워했거니와 나 또한 부끄러이 여긴다. 원망을 숨기고서 친한 척하는 좌구명이 부끄러이 여겼는데 나 또한 부끄럽게 여기노라."

논어 53강

^{안 연 계 로 시}
顔淵季路侍러니

○ 안연과 계로가 공자님을 모시고 한자리에 있었다.

^{자 왈   합 각 언 이 지}
子曰 "盍各言爾志오"

○ 공자가 말하기를 "어찌 각각 너의 뜻을 말하지 아니하느냐?"

^{자 로 왈   원 거 마   의 경 구   여 붕 우 공   폐}
子路曰 "願車馬와 衣輕裘를 與朋友共하여 敝
^{지 이 무 감}
之而無憾하노이다"

○ 자로 말하기를 "좋은 말과 수레와 가벼운

가죽옷을 벗들과 나눠 같이 쓰다가 떨어져도 유감이 없겠습니다." 하니

_{안연 왈 원무벌선 무시로}
顔淵이曰 "願無伐善하여 無施勞하노이다"

○ 안연이 말하기를 "착한 일을 남에게 자랑함이 없으며, 남에게 힘든 일을 시키지 않겠습니다."

_{자로왈 원문자지지}
子路曰 "願聞子之志하노이다"

○ 자로가 "원하건대 선생님의 뜻을 듣고자 하나이다."

_{자왈 노자 안지 붕우 신지 소자}
子曰 "老者를 安之하며 朋友를 信之함이 小者

를 懷&之니라"

○ 공자 말하기를 "노인을 편케 하고 벗을 믿음으로 하며 연소자를 사랑하겠노라."

논어 54강

子曰 "已矣乎이라 吾未見能見其過而內自訟者
也케라"

　○ 공자 말하기를 "끝이로구나. 내 여태껏 자기 허물을 보고 안으로 스스로 시비를 판단하는 자를 보지 못했노라."

子曰 "十室之邑에 必有忠信이 如丘者焉이니와
不如丘之好學也니라"

　○ 공자 말하기를 "집 열 채밖에 없는 작은 마을에 반드시 충신함이 나와 같은 자도 있겠으나 나의 배움을 좋아하는 것만 같지 못하니라."

논어 55강

子曰 "雍也는 可使南面이로다"
_{자왈 옹야 가사남면}

○ 공자가 말하기를 "옹이는 임금 노릇을 할 만하다."

仲弓이 問子桑伯子한대
_{중궁 문자상백자}

○ 중궁이 자상 백자를 묻자

子曰 "可也簡이니라"
_{자왈 가야간}

○ 공자께서 "좋다, 소탈 간소하니라."

仲弓이 曰 "居敬而行簡하여 以臨其民이면 不亦可乎잇가 居簡而行簡이면 無乃太簡乎잇가"

○ 중궁이 말하기를 "몸가짐이 공경스러우며, 백성들에게 소탈 간소하게 임하면 또한 옳지 아니합니까? 간소함을 바탕으로 소탈 간소하게 행하면 지나치게 간소하지 않겠습니까?"

子曰 "雍之言이 然하다"

○ 공자 말하기를 "옹의 말이 옳다고 답하셨다."

논어 56강

哀公이 問 "弟子孰爲好學이니잇고"
(애공) (문) (제자숙위호학)

○ 애공이 묻기를 "제자 중에 누가 학문을 좋아합니까?"

孔子對曰 "有顔回者好學하여 不遷怒하며 不貳
(공자대왈) (유안회자호학) (불천노) (불이)
過하더니 不幸短命死矣라 今也則無하니 未聞
(과) (불행단명사의) (금야즉무) (미문)
好學者也케이다"
(호학자야)

○ 공자 대답하기를 "안회가 학문을 좋아해서, 노여움을 옮기지 않고, 과실을 거듭 아니하더니, 불행히 단명하여 죽었는지라 지금은 없으니, 그 후론 학문을 좋아하는 자를 듣지 못했노라."

논어 57강

子華使於齊러니 冉子爲其母請粟한대 子曰 "與之釜하라" 請益한대 曰 "與之庾하라" 하여시늘 冉子與之粟五秉한대

○ 자화를 제나라에 사신으로 보냈더니, 염자가 그 모친을 위해 곡식을 청하니, 공자께서 "여섯 말 네 되를 주어라."라고 하시자 염자가 더 주기를 청했고 "열여섯 말을 주어라." 하시거늘 염자가 육십 말을 주었다.

子曰 "亦之適齊也에 乘肥馬하며 衣輕裘하니 吾는 聞之也호니 君子는 周急이오 不繼富라"호라 原思爲之宰러니 與之粟九百이어시늘 辭하대 子曰 "毋하여 以與爾鄰里鄕黨乎인저"

○ 공자가 "적이 제나라에 갈 때에 좋은 말을 탔고 좋은 갑옷을 입어 호화로웠다. 군자는 급한 일을 보면 도와주고 풍부한데 더 늘려 주지 아니한다." 하노라. 원사가 재상이 되었더니 곡식 구백 말을 주니 너무 많다고 사양했다. 공자께서 말씀하시기를 "사양하지 말라. 이웃이나 마을 사람에 나눠 주면 되지 않느냐."

논어 58강

子謂仲弓曰 "犁牛之子騂且角이면 雖欲勿用이나 山川은 其舍諸아"

　○ 공자께서 중궁에게 말하기를 "얼룩소 새끼가 붉고 또 뿔이 잘 났으면 비록 쓰고자 아니하겠으나 산천이 내버려두겠는가."

子曰 "回也는 其心이 三月不違仁이오 其餘則日月至焉而已矣니라"

　○ 공자 말하기를 "안회는 그 마음이 석 달을 두고도 인을 어기지 않으나, 나머지 다른 사람은 하루나 한 달에 한 번 인에 달하고 말더라."

논어 59강

季康子問 "仲有는 可史從政也與잇가"
_{계 강 자 문   중 유   가 사 종 정 야 여}

  ○ 계강자가 묻기를 "중유를 가히 정치에 시킬 만합니까?"

子曰 "由也는 果라니 於從政乎에 何有리오"
_{자 왈   유 야   과   어 종 정 호   하 유}

  ○ 공자 말하기를 "유는 과단하니 정치에 종사해도 아무 걱정이 없습니다."

曰 "賜也는 可使從政也여잇가"
_{왈   사 야   가 사 종 정 자}

  ○ 계강자 말하기를 "사야는 가히 정사에 종사할 만합니까."

曰 "賜也는 達하니 於從政乎에 何有리오"

○ 답하기를 "사는 사리에 통달하니 정사를 종사하는 데 무엇이 어려움이 있겠는가."

曰 "求也는 可使從政也與잇가"

○ 물어 말하되 "구는 가히 정사에 종사할 만합니까?"

曰 "求也는 藝하니 於從政乎에 何有리오"

○ 대답하기를 "구는 재주 있으니 정사에 종사하는 데 무슨 어려움이 있으리오."

논어 60강

季氏使閔子騫으로 爲費宰한대 閔子騫이 왈
"善爲我辭焉하라 如有復我者인댄 則吾必在汶
上矣로리라"

○ 계씨가 민자건을 비의 재(책임자)로 시키려 하는데 민자건이 말하기를 "제발 나를 위해 거절해 주십시오. 만약 나를 다시 부른다면 나는 반드시 문수강을 건너느니라."

伯牛有疾이어늘 子問之하실새 自牖로 執其手
曰 "亡之러니 命矣夫라 斯人也而有斯疾也할서
斯人也而有斯疾也할서"

○ 백우가 병에 걸리자 공자가 문병 가서 남

쪽 창문으로 그 손을 잡고 말하거늘 "이럴 리가 없거늘 천명인지라 이 사람이 이런 병에 걸리다니! 이런 사람이 이런 병에 걸리다니!" 하고 말하였다.

논어 61강

子曰 "賢哉라 回也여 一簞食와 一瓢飮으로 在
陋巷을 人不堪其憂어늘 回也不改其樂하니 賢
哉라 回也여"

○ 공자 말하기를 "어질도다, 안회여. 한 그릇 밥과, 한 표주박 물을 먹고 마시며 더러운 거리에 살면, 다른 이들은 그 괴로움을 참지 못하거늘 안회는 그 즐거움이 변하지 않으니 어질도다! 안회여."

冉求 曰 "非不說子之道언마는 力不足也로다"
子曰 "力不足者는 中道而廢하나니 今女는 劃이로다"

○ 염구가 말하기를 "선생님의 도를 즐기지 아니함은 아니나, 힘이 부족합니다." 공자 말하기를 "힘이 모자라는 사람은 중도에서 그만두지만 이제 너는 스스로 선을 긋고 한정을 짓고 있구나."

논어 62강

^{자위자하왈   여위군자유   무위소인유}
子謂子夏曰 "女爲君子儒오 無爲小人儒하라"

○ 공자가 자하에게 이르기를 "너는 군자적인 선비는 될지언정 소인 선비가 되지 말라."

^{자유위무성재   자왈   여득인언이호   왈}
子遊爲武城宰러니 子曰 "女得人焉爾乎아" 曰
^{유담대멸명자   행불유경   비공사}
"有澹臺滅明者하니 行不由徑하며 非公事어든
^{미상지어언지실야}
未嘗至於偃之室也하니이다"

○ 자유가 무성땅 재(책임자)가 되었을 때 공자 말하기를 "너는 좋은 사람을 얻었는가?" 대답하기를 "담대멸명이란 사람이 있으니 다님에 좁은 지름길을 가지 아니하며 공사가 아니면 제방에 오지 않습니다."

논어 63강

子曰 "孟之反은 不伐이로다 奔而殿하여 將入
_{자왈 맹지반 불벌   분이전   장입}
門할새 策其馬曰 '非敢後也라 馬不進也라' 하
_{문   책기마왈   비감후야   마불진야}
니라"

○ 공자 말하길 "맹지반은 공을 자랑하지 않
는도다. 후퇴함에 끝머리에서 적을 막았고, 성
문에 들어올 때 그 말을 채찍질하여 말하기를
'일부러 처져 오려 함이 아니라, 말이 늦어 처졌
네.' 하더라, 라고 하셨다."

子曰 "不有祝鮀之佞이며 而有宋朝之美면 難乎
_{자왈 불유축타지영   이유송조지미   난호}
面於今之世矣니라"
_{면어금지세의}

○ 공자 말이 "축관 타의 말재주가 없고 송조

123

의 아름다움이 있지 아니하면 이 세상 같은 난세를 면하기 어려우니라."

논어 64강

子曰 "誰能出不由戶리오마는 何莫由斯道也오"
<small>자왈 수능출불유호 하막유사도야</small>

○ 공자 말하길 "누가 나가면서 문을 통하지 않으리오? 어찌 선왕의 도를 따르지 않는가."

子曰 "質勝文則野이오 文勝質則史니 文質이 彬彬然後에 君子니라"
<small>자왈 질승문즉야 문승질즉사 문질 빈빈연후 군자</small>

○ 공자 말하길 "바탕이 문사보다 나으면 촌스럽고, 문사가 바탕보다 나으면 부화하니 문사와 바탕이 잘 어울려야 비로소 군자니라."

논어 65강

子曰 "人之生也直하니 罔之生也는 倖而免이니라"
_{자왈 인지생야직 망지생야 행이면}

　○ 공자 말하기를 "사람의 삶은 곧으니, 곧지 않으면서 살 수 있는 것은 요행히 면하느니라."

子曰 "知之者 不如好之者오 好之者 不如樂之者니라"
_{자왈 지지자 불여호지자 호지자 불여낙지자}

　○ 공자 말씀하시기를 "알고자 하는 사람은 좋아하는 사람만 못하고, 좋아하는 사람은 즐기는 사람만 못하다."

논어 66강

子曰 "中人以上은 可以語上也어니와 中人以下는 不可以語上也니라"

○ 공자 말씀하시기를 "보통 사람 이상에게는 가히 높은 철학을 말해도 좋으나, 이하에게는 높은 철학을 얘기할 수 없다."

樊遲問知한대 子曰 "務民之義오 敬鬼神而遠之면 可謂知矣니라" 問仁한대 曰 "仁者先難而後獲이면 可謂仁矣니라"

○ 번지가 지혜를 묻자 공자 답하길 "사람이 지킬 의리에 힘쓰고 귀신을 공경하여 멀리하면 지혜롭다." 인을 물으니 답하기를 "어진 자는

어려움을 먼저 하고 보답은 남보다 뒤에 얻으면 어질다 할 것이니라."

논어 67강

子曰 "知_자者는 樂_요水_수하고 仁_인者_자는 樂_요山_산이니 知_지者_자는 動_동하고 仁_인者_자는 靜_정하며 知_지者_자는 樂_요하고 仁_인者_자는 壽_수니라"

○ 공자 말하길 "지혜로운 자는 물을 좋아하고, 어진 자는 산을 좋아하니, 지혜로운 자는 물같이 움직이나, 어진 자는 산같이 고요하며, 지혜로운 자는 즐겨 하고 어진 자는 수하느니라."

子曰 "齊一變이면 至於魯하고 魯一變이면 至於道니라"

○ 공자 말하길 "제나라가 한번 변하면 노나라같이 되고 노나라를 한번 변경시키면 도에 이르느니라."

논어 68강

^{자 왈　　고 불 고　　고 재 고 재}
子曰 "觚不觚면 觚哉觚哉아"

○ 공자 말하길 "모난 술잔에 모가 없으면 어찌 술잔일까, 술잔일까."

^{재 아 문 왈　　인 자　　수 고 지 왈　　정 유 인 언}
宰我問曰 "仁者는 雖告之曰 '井有仁焉'이라도
^{기 종 지 야　　　　자 왈　　하 위 기 연 야　　군}
其從之也로소이다" 子曰 "何爲其然也리오 君
^{자　　가 서 야　　　　불 가 함 야　　　　가 사 야　　　　불}
子는 可逝也인정 不可陷也이며 可斯也언정 不
^{가 망 야}
可罔也니라"

○ 재아가 물어 말하기를 "어진 자는 우물에 사람이 있다고 하면 곧 우물에 들어갑니까?" 공자 대답하기를 "어찌 그렇다고 하리오? 군자는 가히 가서 구할지언정 빠지지는 않을 것이며,

일시적으로 속는다 할지언정 끝내 사리에 어둡지는 않을 것이다."

논어 69강

子曰 "君子博學於文이요 約之以禮면 亦可以弗
畔矣夫인저"

○ 공자 말하길 "군자는 글을 널리 배우고, 예로써 간략히 하면 도에서 어긋나지 않을 것이다."

子見南子하신대 子路不說이어늘 夫子矢之曰
"予所否者댄 天厭之시리라"

○ 공자께서 남자를 만나신대, 자로가 좋아하지 아니하거늘, 공자 굳게 다짐하여 말씀하시길 "나의 싫어하는 바 하늘이 싫어하고, 하늘이 싫어할 것이다."

子曰 "中庸之爲德也其至矣乎인저 民鮮이 久矣니라"

○ 공자 말하기를 "중용의 덕이 지극하고 지극하다. 백성이 이를 소홀히 한 지 너무나 오래다."

논어 70강

子貢이 曰 "如有博施於民而能濟衆한대 何如하니잇고 可謂仁乎잇가"

○ 자공이 말하기를 "만약 백성에게 널리 은혜를 베풀고, 많은 사람을 구제할 수 있다면 어떻겠습니까? 인이라 할 수 있습니까?" 하고 묻자

子曰 "何事於仁이리오 必也聖乎인저 堯舜도 其猶病諸시니라 夫仁者는 己欲立而立人하며 己欲達而達人이니라 能近取譬면 可謂仁之方也已니라"

○ 공자 대답하기를 "어찌 인이라고만 하겠느

냐? 반드시 성이라 하겠노라. 요, 순도 그렇게 하기를 부족하다고 걱정했노라. 원래 어진 자는 내가 이루고자 할 때, 남을 이루게 하느니라. 능히 가까운 곳을 취하여 비교하여 깨우치면 가히 인을 이룩하는 방도라 하겠다."

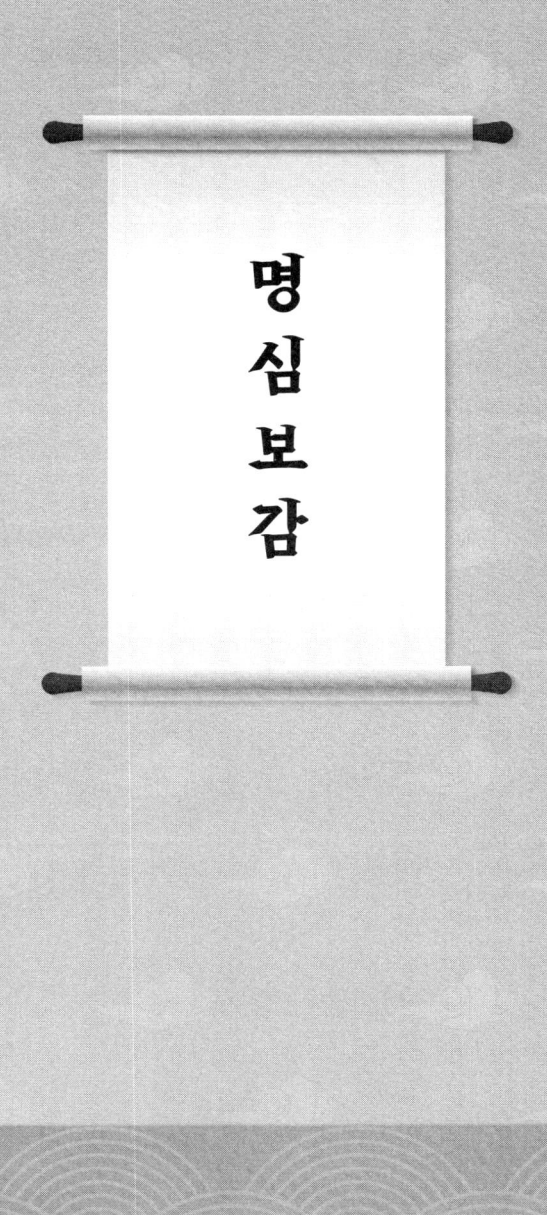

명심보감 51강

耳不聞人之非하고 目不視人之短하고 口不言
人之過라야 庶幾君子니라.

○ 귀로는 남의 잘못을 듣지 않고 눈으로는 남의 단점을 보지 않으며 입으로는 남의 허물을 말하지 않아야 군자라 할 수 있다.

남의 잘못은 듣지도 보지도 말하지도 말라. 남의 잘못을 보면 자기 잘못은 없는지 돌아보고 자신을 믿고 기도하고 배워라.

명심보감 52강

宰予晝寢이어늘 子曰朽木은 不可雕也요 糞土之墻은 不可圬也니라.
<small>재여주침　　　자왈후목　불가조야　　부토　지장　불가오야</small>

○ 재여가 낮잠을 자고 있을 때 공자가 말했다. 썩은 나무로는 조각을 할 수 없고, 썩은 흙으로 만든 담장은 흙손질을 할 수 없다.

썩은 나무로는 쓸 데가 없고, 썩은 흙으로는 흙으로서 쓸모가 없다.

명심보감 53강

紫虛元君(자허원군) 誠諭心文(성유심문)에 曰(왈)

福生於淸儉(복생어청검)하고 德生於卑退(덕생어비퇴)하고 道生於安靜(도생어안정)하고 命生於和暢(명생어화창)하고 患生於多慾(환생어다욕)하고 禍生於多貪(화생어다탐)하고 過生於輕慢(과생어경만)하고 罪生於不仁(죄성어불인)이니라.

戒眼(계안)하여 莫看他非(막간타비)하고 戒口(계구)하여 莫談他短(막담타단)하고 戒心(계심)하여 莫自貪嗔(막지탐진)하고 戒身(계신)하여 莫隨惡伴(막수악반)하고 無益之言(무익지언)을 莫妄說(막망설)하고 不干己事(불간가사)를 莫妄爲(막망위)하라.

○ 복은 맑고 검소한 데서 생기고, 덕은 겸손한 데서 만들어지며, 도는 평안하고 고요한 가운데 이룩된다.

근심은 욕심이 많은 데서 비롯되고, 재앙은 탐하는 마음 가운데서 만들어지며, 과실은 경솔과 교만함에서 생겨난다.

또 죄악은 어질지 못함에서 비롯된다.

눈을 조심하여 다른 사람의 잘못을 보지 말고, 입을 조심하여 다른 사람의 단점을 말하지 말고, 마음을 조심하여 탐내거나 성내지 말며, 몸을 조심하여 악한 친구가 따르지 못하게 하라.

무익한 말을 삼갈 것이며, 나와 관계없는 일에 참견하지 말라.

명심보감 54강

尊君王孝父母하고 敬尊長奉有德하여 別賢愚
恕無識하라.

物順來而勿拒하고 物旣去而勿追하고 身未遇
而勿望하고 事己過而勿思하라 聰明도 多暗昧
요 算計도 失便宜니라.

損人終自失이요 倚勢禍相隨라 戒之在心하고
守之在氣라 爲不節而亡家하고 人不廉而失位
니라 勸君自警於平生하노라.

可歎可驚而可畏라 上臨之以天鑑하고 下察之
以地祇라 明有王法相継하고 暗有鬼神上隨라
惟正可守요 心不可欺니 戒之戒之하라.

○ 임금을 존경하고 부모에게 효도하며, 어른을 공경하고, 덕 있는 사람을 받들며, 어진 사람과 어리석은 사람을 분별하고, 무식한 사람을 용서하라.

사물을 순리로 물리치지 말고, 이미 지나갔으면 뒤쫓지 말라.
몸이 불우한 지경에 있더라도 바라지 말고, 일이 이미 지나갔으면 생각하지 말라.
총명한 사람도 어두운 때가 있고, 계획을 잘 세워도 마음대로 되지 않을 때가 있다.

남에게 손해를 끼치면 마침내 자기가 손해를 볼 것이며, 세력에 의지하면 재앙이 따른다.
경계하는 것은 마음에 있고 지키는 것은 기운에 있다. 절약하지 않으면 집을 망치고, 청렴하지 않으면 지위를 잃는다. 그대에게 평생토록 스스로 경계하기를 권고한다.

 탄식하고 두텁게 여겨 잘 생각토록 하라. 위로는 하늘이 내려다보시고, 아래로는 땅의 신령이 살펴보고 있다. 밝은 곳에는 삼법이 있고, 어두운 곳에는 귀신이 따르고 있다. 오직 바른 것을 지키고 마음을 속이지 말 것이며 경계하고 또 경계하라.

명심보감 55강

^{경행록}景行錄에 ^운云 ^{지족가락}知足可樂이요 ^{무탐즉우}務貪則憂니라.

○ 경행록에 이르기를 만족할 줄 알면 즐겁고, 탐욕하게 되면 근심이 따른다.

사람은 대부분 탐욕을 가지고 있다. 그 탐욕을 어찌 제어하느냐에 따라서 이생의 도는 달라진다.

믿을 수 없는 희망에 자신의 모든 것을 거는 사람들이 많다. 그러다 그 희망이 무산되면 무기력해지는 사람이 많으나, 자신은 신이다.

자신을 믿고 자신의 신에게 기도하고 배워라. 무산된 희망은 버리고 다시 도전하라. 반드시 성공한다.

자신의 신을 믿고 기도하고 배워라. 자신의 신은 정신이다. 우주 만물을 창조하시고 나를 있게 한 자신의 신인데 무엇이 두려울 것이냐?

자신의 정신, 신을 믿고 기도하고 배워라. 모든 일이 이루어진다. 믿고 기도하고 배워라.

명심보감 56강

知足者는 貧賤도 亦樂이요 不知足者는 富貴도 亦憂니라.
_{지족자   빈천   역락   불지족자   부귀   역우}

○ 만족할 줄 아는 사람은 비천해도 즐겁지만, 만족할 줄 모르는 사람은 부귀해도 근심한다.

부귀는 하늘에 달려 있다고 한다. 그 하늘은 나의 신이다. 즉 정신이고, 삼위일체고, 하느님 영혼 조상이다.

사람이 죽으면 하늘나라에 가고, 영혼 되고 조상이 된다. 여자와 남자 어른과 아이 그 누구도 예외 없이 육체는 흙이 되고 정신만 하늘에 간다. 그 정신은 하느님 영혼 조상 삼위일체가 된다.

명심보감 57강

濫想은 徒傷神이요 妄動은 反致禍니라.
(남상) (도상신)   (망동) (반치화)

○ 쓸데없는 생각은 정신을 상하게 하고, 허망된 행동은 오히려 화근만 불러온다.

三思而行이란 말이 있다. 세 번 생각한 다음에 이행하란 뜻이다.

어느 때라도 생각을 하고 나서 실행하라. 그러면 실수하지 않을 것이다.

말은 그 사람의 품격을 나타낸다. 고운 말과 예의가 바른 이야기는 그 사람의 품격이 높아진다.

생각을 신중히 하고 말하고 행동하라.

명심보감 58강

書曰 滿招損하고 謙受益이니라.
(서왈 만초손   겸수익)

○ 가득 차면 손실이 있고 겸손하면 이익을 얻는다.

옛 선인들은 명예나 지위가 귀하게 됨을 꺼렸다.

귀하게 되고 지위가 올라갈수록 근신하고 겸손하였으며, 예의가 바른 행동을 하려 노력하였다.

명심보감 59강

知足常足이며 終身不辱하고 知止常止면 終身無恥니라.
(지족상족)   (종신불욕)   (지지상지)   (종신)
(무취)

○ 만족할 줄 알아서 언제나 만족하면 평생토록 욕되지 않는다. 그칠 줄을 알아서 그치게 되면 평생토록 부끄러움이 없다.

대부분 사람들은 자기만족보다 다른 사람에게 잘 보이려고 한다.

스스로 만족할 줄 알아라. 옛말에 '뱁새가 황새 따라가다 가랑이가 찢어진다.'라는 말이 있지 않은가.

그칠 줄을 알면 부끄러울 일이 없다.

명심보감 60강

^{안 분 신 무 욕}
安分身無辱이요 ^{지 기 심 자 한}知機心自閑이라 ^{수 거 인 세 상}雖居人世上이나 ^{각 시 출 인 간}却是出人間이니라.

○ 분수에 맞으면 몸에 욕됨이 없고, 기틀을 알면 마음 또한 스스로 한가롭다. 그렇게 이 세상을 살고 있다면 그것은 이 세상을 벗어난 것과 같다.

자신을 알아라. 그러면 분수에 맞는 삶을 살 수 있다. 자신을 알려면 자신의 정신 神을 믿어라. 믿고 기도하고 배워라.

그러면 슬기와 지혜를 얻을 것이다. 우주 만물을 창조하시고 인간도 창조하신 정신 神인데 그 슬기와 지혜는 무한하다.

그 슬기와 지혜는 그 무엇보다 위에 있다.

不在其位하여는 不謨其政이니라.

○ 자신의 한계를 넘어서지 말라. 그 지위에 있지 않으면 그 정사에 간섭하지 말라.

명심보감 61강

景行錄에 云 坐密室을 如通衢하고 馭寸心을
如六馬하면 可免過니라.

○ 밀실에 앉아 있더라도 네거리에 앉아 있는 것처럼 하고 마음을 쓰기를 여섯 마리의 말을 부리듯 하면 모든 허물은 피할 수가 있다.

사람은 양심이 있어서, 아무도 없다 하더라도 나쁜 짓을 하면 양심이 걸린다. 참으로 섬세한 마음으로 행동하기는 어려운 것이다. 자신의 정신은 신이다. 자신의 신은 자신의 머리칼도 일일이 알고 계신다. 자신의 신을 믿고 기도하라. 그러면 그 귀중한 슬기와 지혜를 얻을 것이니라.

명심보감 62강

擊壤詩에 云 富貴를 如將智力求이면 仲尼年少
合封侯라 世人은 不解靑天意하고 空使身心半
夜愁라.

○ 만일 부귀를 지혜와 힘으로 구할 수 있다면, 중니는 젊은 나이에 제후가 되고 남았을 것이다. 세상 사람들은 푸른 하늘의 뜻을 모르고 부질없이 몸과 마음을 한밤중까지 근심하게 한다.

사람은 자신의 정신인 神이 있다. 운명이란 신에 의한 것이니 자신의 神을 믿고 기도하고 배우면 운명은 자신이 원하는 대로 될 것이다. 자신의 神에게 늘 믿고 기도하고 배워라.

명심보감 63강

范忠宣公이 戒子弟曰 人雖至愚나 責人則明하고 雖有聰明이라도 恕己則昏이니 爾曹는 但當 以責人之心으로 責己하고 恕己之心으로 恕人이면 不患不到聖賢地位也니라.

○ 범충선공이 자제를 경계하여 누구나 자기는 어리석을지라도 남의 허물을 꾸짖기는 잘하고, 비록 재주가 있다고 해도 자기를 용서하는 것에는 어둡다.

다만 너희들은 남을 꾸짖는 마음으로 자기를 꾸짖고 자기를 용서하는 마음으로 남을 용서하라. 그러면 성현의 경지에까지 이르지 못할까 근심할 필요가 없다.

사람은 어리석다고 하면 대부분 싫어한다. 자신은

다 똑똑하다고 생각하는데 자신의 똑똑함만 보니 어리석다고 하는 말을 싫어한다.

  자신을 알라. 남에게 어리석음이 있으면 자신에게는 어리석음이 없는지를 보라.

  남에게 슬기와 지혜가 있으면 배워라.

  또한, 자신을 믿고 기도하고 배워라. 슬기와 지혜를 얻을 것이다. 그 슬기와 지혜는 자신이 하고자 하는 일을 잘되게 해 주신다.

명심보감 64강

聰明思睿라도 守之以愚하고 功被天下라도 守之以讓하고 勇力振世라도 守之以性하고 富有四海라도 守之以謙이니라.

○ 총명과 예지가 뛰어나더라도 어리석음으로 지켜야 하고, 공로가 천하를 덮더라도 겸양하는 마음으로 지켜야 한다. 용기와 힘이 있더라도 두려운 마음으로 지켜야 하며, 부유함이 사해를 차지하더라도 겸손함으로 지켜야 한다.

그대의 슬기와 지혜가 빛이 나더라도 어리숙한 마음으로 지키는 것이 좋고, 부유함이 넘치더라도 겸손으로 가리고 나눔으로 가려라.

그리고 예의 바른 사람이 되어라. 예의가 바른 사람은 어디에서도 인정받는 사람이 되느니라.

명심보감 65강

素書에 云 薄施厚望者는 不報하고 貴而忘賤者는 不久니라.

○ 적게 베풀고 많이 바라는 자는 보답이 없고, 귀하게 된 다음에 미천했던 때를 잊은 자는 오래가지 못한다.

옛말에 '개구리 올챙이 적 기억 못 한다.'라는 말이 있다. 어떤 사람들은 누군가에게 도움을 받을 때, 그것을 당연시하고 그 고마움을 잊어버린다. 그러나 도움을 준 사람은 기억한다. 그러니 그 고마움을 항상 간직하고 다른 사람에게 도움을 줄 수 있는 사람이 되어야 한다.

명심보감 66강

施^시恩^은이거든 勿^물求^구報^보하고 與^여人^인이거든 勿^물追^추悔^회하라.

○ 은혜를 베풀었다면 그 보답을 바라지 말고, 남에게 주었다면 후회하지 마라.

남에게 베풀었다면 대가를 바라지 마라. 베푸는 것은 자신에게 베푸는 것과 같다. 자신이 자신에게 베풀었는데 무엇을 바란단 말이냐.

명심보감 67강

孫思邈 曰 膽欲大而心欲小하고 知欲圓而行欲方이니라.
_{손 사 막   왈   탐 욕 대 이 심 욕 소   지 욕 원 이 행 욕 방}

○ 담력은 크게 가지더라도 마음가짐은 섬세해야 한다. 지혜는 원만하게 하더라도 행위는 방정해야 한다.

  좋은 나무는 좋은 열매를 얻고, 나쁜 나무는 열매가 없다. 혹 있다고 하더라도 좋은 열매가 아니다. 사람도 악한 사람은 나쁜 행동을 하고 선하고 인자한 사람은 선한 일을 한다. 선하고 인자한 사람이 되어라. 그러려면 자신을 알아야 한다. 자신을 모르면 선한지 인자한 것인지 나쁜 행동을 하는지도 모른다.

명심보감 68강

懼法朝朝樂이요 欺公日日憂니라.
(구법조조락) (기공일일우)

○ 법을 두렵게 생각하면 아침마다 즐겁고, 나랏일을 속이면 매일 근심하게 된다.

명심보감 69강

주문공 왈 수구여병   방의여성
朱文公 曰 守口如瓶하고 防意如城하라.

○ 입을 지키는 것은 병과 같이 하고, 뜻을 막는 것은 성을 지키듯 하라.

어리석고 미련한 사람은 말로써 망하고, 그 입술로써 스스로 옭매인다. 말은 귀한 것이다. 귀한 것이니 귀하게 쓰고 함부로 말을 하지 말라. 품위 있고 점잖은 말을 사용하라. 그러면 품위 있고 귀하게 보인다.

명심보감 70강

心_심不_불負_부人_인이면 面_면無_무慚_참色_색이니라.

○ 마음으로 남을 저버리지 않으면 얼굴에 부끄러움의 빛이 없다.

명심보감 71강

人無百歲人이나 枉作千年計니라.
(인무백세인)　　　(왕작천년계)

○ 백 년을 사는 사람이 없는데도 사람은 부질없이 천년의 계획을 세운다.

사람들은 누구나 오래 살고 싶어 한다. 그러나 삶이란 마음대로 되는 것이 아니다. 한 가지 분명한 것은 이십 세가 되면 몸 관리를 철저히 하여라. 그리고 자기 신의 정신을 믿고 기도하고 배워라.

자기 신 정신은 천인(하느님), 영혼, 조상 삼위일체다. 삼위일체는 우주 만물을 창조하시고 자신과 같은 인간도 창조하시었다. 그 만물을 창조하신 정신 신인데 믿고 기도하고 배우면 모든 일이 잘된다.

자기 신을 믿어라. 기도하라. 배워라.

첫째, 술·담배를 하지 말라.

둘째, 검소하라.

셋째, 자신의 통장을 만들어라.

이 세 가지를 지키어 돈을 저축하라. 그러면 건강하게 오래 살며 죽을 때 일주일만 누웠다 죽는다.

명심보감 72강

寇萊公(구래공) 六悔銘(육회명)에 云(운)
官行私曲失時悔(관행사곡실시회)요 富不儉用貧時悔(부불검용빈시회)요 藝不少學過時悔(예불소학과시회)요 見事不學用時悔(견사불학용시회)요 醉後狂言醒時悔(취후광언성시회)요 安不將息病時悔(안불장식병시회)니라.

○ 관리가 부정을 저지르면 관직을 잃은 후에 후회하게 되고, 부유할 때 절약해 쓰지 않으면 가난해진 뒤에 후회한다. 젊을 때 기예를 배워두지 않으면 때가 지난 후에 후회하게 되고, 일을 보면서도 배우지 않으면 일할 때 후회하게 된다. 술 취했을 때 함부로 말하면 깨어난 뒤에 후회하게 되고, 건강했을 때 휴식을 취하지 않으면 병이 들어서야 후회하게 된다.

후회하는 일은 하지 않음이 좋고, 후회하는 일이 생기면 슬기와 지혜를 발휘하여 이른 시간 안에 해결하라.

후회하는 것은 자신의 마음만을 병들게 하느니라. 마음에 병은 믿음으로 고쳐야 한다. 자신을 믿고 기도하고 배워라.

명심보감 73강

念念要如臨戰日하고 心心常似過橋時니라.
_{념념요여림전일 심심상사과교시}

○ 생각은 항상 전장에 나가는 날처럼 하고 마음은 항상 다리를 건널 때처럼 하라.

  속담에 복철이란 말이 있다. '수레가 뒤집힌 자리'라는 뜻으로 그 자리를 주의하라는 뜻이다. 사람은 정신 즉, 신이 있다.
  그 신은 늘 나와 함께하신다. 늘 자기 신을 믿고 기도하고 배워라. 그러면 모든 일이 순조롭고 잘되고 얻어지느니라.

명심보감 74강

$\overset{생}{生}\overset{사}{事}\overset{사}{事}\overset{생}{生}$이요 $\overset{성}{省}\overset{사}{事}\overset{사}{事}\overset{성}{省}$이니라.

○ 일을 만들면 일이 생기고 일을 줄이면 일은 줄어든다.

항상 바쁘다고 말하는 사람이 많다. 그러나 바쁘다고 생각하기 때문에 바쁜 것이지 실제로는 그렇지 않을 수도 있다.

사람은 건강할 때 건강을 지켜야 한다. 건강할 때 휴식을 취하고 건강을 지켜야 늙어서도 건강하게 살다 건강하게 죽는다. 그러려면 자신의 정신인 신을 믿고 기도하고 배워라. 반드시 이뤄진다.

명심보감 75강

益智書에 云 寧無事而家貧이언정 莫有事而家富요 寧無事而住茅屋이언정 不有事而住金屋이요 寧無病而食麤飯이언정 不有病而腹良藥이니라.

○ 차라리 아무 탈 없이 가난하게 살지언정, 탈이 있으면서 부유하게 살지 말라. 차라리 아무 사고 없이 초가집에 살지언정, 사고가 있으면서 고급 주택에 살지 말라. 차라리 아무 병 없이 거친 밥을 먹을지언정, 병 있으면서 좋은 약을 먹지 말라.

 긍정적인 삶은 앞으로 나아가는 의욕과 활기를 주고 부정적인 생각은 삶의 속도를 조절한다.

욕심을 버려라. 그리고 자신의 정신, 정신 신을 믿고 기도하고 배워라. 그러면 원하는 것을 이룬다. 자신이 자신의 정신 신을 믿고 기도하고 배우는데 안 될 일이 무엇이 있겠느냐? 믿고 기도하고 배워라. 잘되고 얻을 것이다.

명심보감 76강

^{심 안 모 옥 은} ^{성 정 채 갱 향}
心安茅屋穩이요 性定菜羹香이니라.

○ 마음이 편안하면 초가집도 아늑하고, 성품이 안정되면 나물국도 향기롭다.

세상에는 삶이 즐겁다고 생각하는 사람이 있고, 괴롭다고 생각하며 사는 사람이 있다.

그러므로 자신이 마음먹기에 따라 인생이 좌우될 수가 있다.

명심보감 77강

景_경行_행錄_록에 云_운 責_책人_인者_자는 不_불全_전交_교요 自_자恕_서者_자는 不_불改_개過_과니라.

○ 남을 나무라는 사람은 그 사귐이 바르지 못하고, 자신을 용서하는 사람은 잘못을 고치지 못한다.

 자신은 위대하다. 천인(하느님) 영혼 조상 삼위일체의 정신을 이어받은 신인데 그 얼마나 위대한가!
 천인(하느님) 영혼 조상 삼위일체는 나의 뿌리이며, 나의 정신이며, 나의 신이시다. 그 신은 늘 나와 함께 하신다. 위대하신 삼위일체는 우주 만물을 창조하시고 자신과 같은 인간도 창조하시어 나 자신의 신이 되시었으니, 그 얼마나 나 자신은 위대하고 귀하신 몸인가! 나의 정신은 삼위일체를 이어받은 신이다.

자신의 신을 믿고 기도하고 배워라. 늘 기도하고 배워라. 모든 일이 잘되고 얻어지느니라.

명심보감 78강

景行錄에 云 夙興夜寐하여 所思忠孝者는 人不知나 天必知之요 飽食煖依하여 怡然自衛者는 身雖安이나 其如子孫에 何오.

○ 아침 일찍부터 밤늦게까지 충효를 생각하는 사람은, 다른 사람들이 비록 그것을 알지 못하더라도 하늘이 알게 된다. 배부른 음식과 따뜻한 옷으로 자기만을 위해 안락하게 사는 사람은, 몸이야 비록 편하겠지만 그 자손의 일을 어찌하랴.

옛날에는 충효를 우선으로 생각하게 자연적으로 교육이 잘되었으나, 지금은 나라 사랑도 희미해지고 효도 사상도 희미해지고 있다. 그러나 지금도 분명한 것은, 나라에 충성하고 부모님께 효도하는 집안은 그 자손이 잘되고 그 집안에서는 인재가 나게 되어 있다. 또한, 예의가 바르고 남도 귀하게 생각하며 합리적으로 보고 사회생활을 하니 사회에서도 환영받기 때문에 모든 일이 잘된다.

  나부터 나라에 충성하고 부모에게 효도하라. 그러면 자식도 본받을 것이고 후손도 본받을 것이다.

명심보감 79강

景行錄에 云 以愛妻子之心으로 事親則曲其孝
요 以保富貴之心으로 奉君則無往不忠이요 以
責人之心으로 責己則寡過요 以恕己之心으로
恕人則全交니라.

○ 아내와 자식을 사랑하는 마음으로 어버이를 섬기면 극진한 효도를 할 수 있고, 부귀를 지키려는 마음으로 임금을 섬기면 어느 곳에서도 충성되지 않음이 없다. 남을 꾸짖는 마음으로 스스로를 꾸짖으면 그 잘못이 극히 작을 것이며, 자기를 용서하는 마음으로 남을 용서하면 그 사귐은 온전할 수가 있다.

父母恩重經(부모은중경)이라는 말은 '부모는 살아 있을 때는 자식의 몸을 대신하기를 원하고 죽어서는 자식의 몸을 지키기를 원한다.'라는 뜻이다. 그러나 지금은 핵가족 시대, 나아가 독신 시대라 어찌하겠는가!

핵가족 시대 독신 시대라도 자신을 알아라. 자신도 모르면서 아무 생각 없이 편안함만 생각하면 어리석지 아니한가!

명심보감 80강

景行錄에 云 爾謀不臧이면 悔之何及이며 爾見
不長이면 敎之何益이리오. 利心專則背道요 私
意確則滅公이니라.

○ 너의 계획이 현명하지 못하며 후회한들 무엇 하며, 너의 소견이 짧으면 가르친들 무슨 보탬이 있겠는가. 오로지 이익만을 바라고 생각한다면 도에 어긋나게 되고, 오로지 사적인 것만 마음에 두면 공적인 것은 없어지고 만다.

슬기와 지혜로운 계획은 후회가 없고 실수가 없으니 자신의 신을 믿고 기도하고 배워라. 자신의 정신 신은 초인간적이고 초자연적이고 위력적이다. 자신의 정신인 신은 늘 나와 함께하시니 믿고 기도하며 배우면 안되는 일이 없고, 다 잘되고 얻어지느니라.

명심보감 81강

^{인 일 시 지 분}　　^{면 백 일 지 우}
忍一時之忿이면 免百日之憂니라.

○ 한때의 분노를 참으면 백 일 동안의 근심을 면할 수 있다.

자신의 정신인 신을 믿고 기도하고 배워라. 그러면 자신을 알게 되느니라.

자신이 스스로 뒤돌아보아라. 자신이 어리석은 점은 없는가, 슬기와 지혜는 있는가, 뒤돌아보고 생각하라. 자신의 정신인 신은 우주 만물을 창조하신 신인데 믿고 기도하고 배움에 게을리하지는 아니하였는가. 자신의 신은 늘 나와 함께하신다. 믿고 기도하고 배워라. 슬기와 지혜를 얻을 것이다.

명심보감 82강

得忍且忍이요 得戒且戒하라 不忍不戒면 小事成大니라.

○ 참고 또 참으며 조심하고 또 조심하라. 참지 못하고 조심하지 않으면 작은 일이 크게 된다.

'참을 인' 자는 참으라는 뜻이다. 작은 일부터 참아야 큰일도 참을 수 있다. 큰 고통을 참아야 평탄함이 오고, 욕됨을 참아야 영광이 오느니, 참으며 왜 참는가를 생각하라. 그것이 배움의 지혜다.

슬기와 지혜는 그 무엇보다도 위에 있다. 아무리 값진 금은보화라도 슬기와 지혜에 비하면 한 알의 모래알과 같다.

명심보감 83강

_{우 독 생 진 노} _{개 인 리 불 통} _{휴 첨 심 상 화}
愚濁生嗔怒는 皆因理不通이라 休添心上火하
고 _{지 작 이 변 풍} 只作耳邊風하라. _{장 단} 長短은 _{가 가 유} 家家有요 _{염 량} 炎涼은
_{처 처 동} 處處同이라 _{시 비 무 실 상} 是非無實相하여 _{구 경 총 성 공} 究竟總成空이니
라.

○ 어리석고 못난 사람이 성내는 것은 모두가 이치에 통하지 못했기 때문이다. 마음의 불길을 더하지 말고 다만 귓가를 스치는 바람결로 여기라. 장단점은 사람마다 있게 마련이고 세상의 인심은 어느 곳이나 한결같다. 옳고 그른 것은 원래 실상이 없어 마침내는 모두가 다 부질없는 것이 된다.

어리석고 못난 사람은 난폭하고 아첨을 잘하고 뻔뻔하며 부끄럼이 없고, 자신이 잘난 줄만 알며 자신

보다 못하다고 생각되면 무시하고, 그밖에 여러 가지로 보아 인간성이 없으니 상대하기가 어려운 것이다.

남을 평가하기 전에 자신을 뒤돌아보고 자신은 어떠한가를 생각하라. 자신은 어리석은 점은 없는가? 어리석은 점이 있으면, 즉시 자신의 정신인 신을 믿고 기도하고 배워라. 그리고 고쳐라.

명심보감 84강

子張이 欲行에 辭於夫子할새 願賜一言爲修身
之美한대 子曰 "百行之本이 忍之爲上이니라"
子張이 曰, "何爲忍之니까."

子曰 "天子忍之면 國無害하고 諸候忍之면 成
其大하고 官史忍之면 進其位하고 兄弟忍之면
家富貴하고 夫妻忍之면 名不廢하고 自身이 忍
之면 無禍害니라"

○ 장자가 부자에게 하직하면서 몸을 닦는 아름다운 한마디 내려 주기를 원하자 공자가 말했다. "모든 행실의 근본은 참는 것이 으뜸이다."
자장이 말했다. "무엇 때문에 참아야 합니까?"
공자가 대답했다. "천자가 참으면 나라에 해

로움이 없고 제후가 참으면 크게 이룰 수가 있고 관리가 참으면 직위가 오르게 된다. 형제가 참으면 집안이 부귀하게 되고 부부가 참으면 일생을 함께하게 되고 친구끼리 참으면 이름이 깎이지 않게 되며 자신이 참으면 재앙이 없을 것이다."

스스로 참으면 자신에게 다가오던 재난도 멀어지고, 고통을 참으면 인내하게 되고 시련을 이겨 내면 끈기가 생기고 희망을 보게 된다.

명심보감 85강

子張이 曰 "不忍則如何니까?"
子曰 "天子不忍이면 國空虛하고 諸候不忍이면 喪其軀하고 官史不忍이면 形法誅하고 形弟不忍이면 各分居하고 夫妻不忍이면 令子孤하고 朋友不忍이면 情意疎하고 自身이 不忍이면 患不除니라"
子張이 曰 "善哉善哉라 難忍難忍이면 非人이면 不忍이요 不忍이면 非人이로다"

○ 자장이 말했다. "참지 않으면 어떻게 됩니까?" 공자가 말했다. "천자가 참지 못하면 나라가 텅 비게 되고 제후가 참지 못하면 그 몸을 망치게 되고 관리가 참지 못하면 형벌을 받아 죽게 된다. 형제가 참지 못하면 각각 따로 살게

되고 부부가 참지 못하면 자식을 고아로 만들고 친구끼리 참지 못하면 그 정이 어려워지며 자신이 참지 못하면 환난이 없어지지 않는다."

다시 자장이 말했다. "훌륭하고 훌륭합니다. 참기란 참으로 어려운 것입니다. 사람이 아니면 참지 못하고 참지 못하면 사람이 아닌 것입니다."

명심보감 86강

景行錄에 云 屈己者는 能處重하고 好勝者는
必遇敵이니라.
(경행록)　(운)(굴기자)　(능처중)　(호승자)
(필우적)

○ 자기를 굽히는 사람은 중요한 지위에 오를 수가 있고, 남을 이기기를 좋아하는 사람은 반드시 적을 만나게 된다.

사람은 제 잘난 맛에 산다고들 한다. 그러다 보니 남에게 지려고 하지 않는다. 지는 것이 이기는 것이란 말이 있듯이 상대가 안 될 것 같으면 슬기와 지혜로 피하라. 제 잘난 맛에 살고 어리석은 자는 자신보다 못하다고 생각 들면 인정사정없이 밟아 무참하게 만들어 버린다. 그런 사람은 슬기와 지혜로 피하고 맞닥뜨리면 자신을 굽혀라. 굽힐 때도 슬기와 지혜를 발휘하여 상대방을 피하라. 그래야 이기는 것이다.

명심보감 87강

惡人이 罵善人커든 善人은 總不對하라 不對에
心淸閑이요 罵者는 口熱沸라 正如人唾天이면
還從己身墜니라.

○ 악한 사람이 선한 사람을 나무란다면, 모름지기 선한 사람은 이에 대꾸하지 말라. 대꾸하지 않는 사람은 마음이 맑고 한가롭지만, 나무라는 사람은 입이 뜨겁게 끓고 있어 마치 사람이 하늘을 향해 침을 뱉으면 다시 자기 몸에 떨어지는 것과 같은 것이다.

명심보감 88강

我若被人罵라도 伴聾不分說하라 譬如火燒空
하여 不救自然滅이라 我心은 等虛空이어늘
總爾飜脣舌이니라.

○ 네가 만약 남에게 욕을 먹더라도 귀먹은 척하고 시비를 가려서 말하지 말라. 그것은 마치 허공에 난 불길과 같아서 끄지 않아도 저절로 꺼진다. 내 마음은 허공과 같고 너의 입술과 혀만이 까불거리고 있을 뿐이다.

 어리석은 바보에게 욕설을 들으면, 슬기와 지혜가 있으면 그냥 들어 주고 대꾸하지 말라. 대꾸하는 사람은 같은 사람이다. 슬기와 지혜를 얻으려면 자신의 정신 신을 믿고 기도하고 배워라. 그러면 슬기와 지혜를 얻을 것이다.

슬기와 지혜는 그 무엇보다 위에 있다. 자신의 신을 믿고 기도하고 배워라. 얻을 것이다.

명심보감 89강

凡事에 留人情이면 後來에 好相見이니라.
<small>법사   유인정   후내   호상견</small>

○ 모든 일에 인정을 남겨 두라. 후일에 서로 좋은 낯으로 만나게 된다.

사람은 태어날 때부터 인정을 지니고 태어난다. 그러나 사람은 사회적 동물이기에 환경에 지배받는다. 특히 가정의 효도는 예의 바른 가정에서 태어나면 자라면서 자연히 그리될 것이고, 그렇지 않은 가정에서 자라면 그렇지 않게 된다. 그래서 가정을 잘 다스리고 화목한 집안을 만들어야 인재가 난다. 어른을 존경과 사랑으로 모시고 부부간에 화합하고 서로 사랑하며 존대어를 사용하며 자식을 사랑으로 대하고 그래야 가정이 화목하다.

명심보감 90강

景行錄에 云 人生이 如水하여 水一傾則不可復
이요 性一縱則不可反이니 制水者는 必以堤防
하고 制性者는 必以禮法이니라.

○ 사람의 성품은 물과 같아서 한번 엎질러지면 다시 담을 수가 없고, 성품이 한번 방종해지면 돌이킬 수가 없다. 물을 제어하려는 자는 반드시 둑으로써 해야 하고 성품을 제어하려는 자는 반드시 예법으로 해야 한다.

사람은 태어날 때부터 성품(性禀)을 타고났고 도(道)를 받고 교(敎)를 받았다. 누구나 성품, 도, 교를 받았다.

그러니 그 집안은 환경에 따라 성품이 다르게 되고 도도 다르게 되고 교도 다르게 되느니, 그 가정의 효와 예를 본과 화목 언어를 중히 생각하여 품격 있는 가정을 만들어서 자손의 본이 되어야 한다.

명심보감 91강

子夏 曰
^{자 하 왈}

○ 자하가 말하기를

博學而篤志하고 切問而近思면 仁在其中矣니라.
^{박 학 이 독 지   절 문 이 근 사   인 재 기 중 의}

○ 널리 배우고 뜻을 독실히 하여 간절히 묻고 잘 생각하면 인은 그 속에 있다.

사람은 태어나서부터 죽을 때까지 배워야 한다. 가정은 그 가정의 근본이 되는 것이며, 부부는 태아가 생기면 태교서부터 성인이 될 때까지 가정의 예법과 충효를 보고 배울 수 있도록 본이 되어야 한다. 또한 영혼 조상 천인(하느님) 삼위일체를 믿고 기도하고 배워서 슬기와 지혜를 얻게 하여야 한다. 삼위일체는 우주 만물을 창조하신 나의 정신 신인데 그 슬기와 지혜는 무한하다. 자신의 신을 믿고 기도하고 배워라. 그러면 무엇인들 안되는 일이 없고 다 잘되느니라.

명심보감 92강

莊子 曰
<small>장자 왈</small>

○ 장자가 말하기를

人之不學은 如登天而無術하고 學而智遠이면
如披祥雲而覩靑天하고 登高山而望四海니라.
<small>인지불학　여등천이무술　　학이지원
여피상운이도청천　　등고산이망사해</small>

○ 사람이 배우지 않음은 재주 없이 하늘에 오르려는 것과 같고 배워서 지혜가 깊어지면 마치 상서로운 구름을 헤치고 푸른 하늘을 보며 높은 산에 올라 사해를 바라보는 것과 같다.

배운다는 것은 가르침을 받는 것이다. 태아 때는 어머니로부터 태교로 배우고, 태어나서부터는 가정으로부터 배우고 학교에 갈 나이가 되면 선생님의 가르침을 받고 사회로 나가면 여러 사람과의 접촉에서 배운다.

자신의 정신 신을 믿고 기도하고 배우며 죽을 때까지 배우는 것이다. 자신의 신은 위대하며 초인간적이고 초자연적이고 초강력자이다. 자신의 정신 신을 믿고 기도하고 배워라. 안되는 일 없고 잘되며 얻어지느니라.

명심보감 93강

太公 曰
_{태 공 왈}

○ 태공이 말하기를

人生不學이면 冥冥如夜行이니라.

○ 사람이 배우지 않으면 마치 캄캄한 밤길을 가는 것과 같다.

사람은 배우지 않으면 답답하다. 본인은 물론 옆에 같이 있는 사람도 답답하다. 배운다는 것은 학교에서 배우는 것만 생각하나, 사회에서 여러 사람과의 대화에서 많은 것을 배우고 기도에서도 많은 것을 배운다.

영혼 조상 천인(하느님) 삼위일체는 나의 정신의 뿌리이니 믿고 기도하고 배워라. 그러면 모든 것을 알게 되느니라.

명심보감 94강

禮_{예기}記에 曰_왈

○ 예기에 말하기를

玉_{옥불탁}不琢이면 不_{부성기}成器하고 人_{인불학}不學이면 不_{불지도}知道니라.

○ 옥은 다듬지 않으면 그릇을 만들지 못하고, 사람은 배우지 않으면 도를 알지 못한다.

옥은 다듬어야 그릇이 된다. 사람도 배워야 훌륭한 사람이 되느니라.

명심보감 95강

漢文公이 曰
<small>한문공   왈</small>

○ 한문공이 말하기를

人不通古今이면 馬牛而襟裾니라.
<small>인불통고금   마우이금거</small>

○ 사람이 고금을 통하지 못한다면 말과 소에게 옷을 입혀 놓은 것과 같다.

무식은 자신의 정신 신의 저주이니라. 남을 비방하고 안되기를 기도하니 자신이 비난받고 무슨 일이든 안되는 것이다. 이는 무식에서 오는 것이니 자신의 정신 신을 믿고 기도하고 배워라. 그러면 무식은 없어지고 지식이 풍부해지고 모든 일이 잘되고 얻어진다.

명심보감 96강

朱^주文^문公^공이 曰^왈

○ 주문공이 말하기를

家^가若^약貧^빈이라도 不^불可^가因^인貧^빈而^이廢^폐學^학이요 家^가若^약富^부라도 不^불可^가侍^시富^부而^이怠^태學^학이니라.

○ 집이 가난하더라도 가난 때문에 배움을 없이 해선 안 되고 집이 부유하더라도 부유함을 믿고 배움을 게을리해선 안 된다.

貧^빈若^약勤^근學^학이면 可^가以^이立^입身^신이요 富^부若^약勤^근學^학이면 名^명乃^내光^광榮^영하리니 惟^유見^견學^학者^자顯^현達^달이요 不^불見^견學^학者^자無^무

成^성이니라.
學^학者^자는 乃^내世^세之^지珍^진이니라. 是^사故^고로 學^학則^즉乃^내爲^위君^군子^자요 不^불學^학則^즉爲^위小^소人^인이니 後^후之^지學^학者^자는 宜^의各^각勉^면之^지니라.

○ 가난하지만 부지런히 배운다면 뜻을 펼 수가 있고, 부유하지만 부지런히 배운다면 명성을 떨칠 수가 있다. 오직 배운 자만이 세상에 드러나는 것을 보았고 배운 사람이 이루지 못하는 것을 보지 못했다. 배움이란 곧 사람의 보배이며 배운 사람이란 곧 세상의 보배이다. 그러므로 배우면 군자가 되고 배우지 않으면 소인이 된다. 후에 배울 사람은 마땅히 힘써야 할 것이다.

명심보감 97강

徽宗皇帝가 曰

○ 휘종황제가 말하기를

學者는 如禾如稻하고 不學者는 如蒿如草로다. 如禾如稻兮여 國之精糧이요 世之大寶로다. 如蒿如草兮여 耕者憎嫌하고 鋤者煩惱이 他日面墻에 悔之已老로다.

○ 배운 사람은 벼와 같고 배우지 않은 사람은 쑥과 같다. 벼는 나라의 좋은 양식이고 세상의 큰 보배다. 쑥은 밭 가는 이가 싫어하고 김매는 이가 귀찮아한다. 후일 벽을 마주한 듯 답답할 때 뉘우치지만 그때는 이미 늦었다.

명심보감 98강

子曰
_{자 왈}

○ 공자가 말하기를

學如不及이요 惟恐失之니라.
_{학여불급   유공실지}

○ 배우기를 아직 미치지 못한 것같이 하고 오직 배운 것을 잃을까 두려워하라.

자신이 무식함을 아는 것은, 자신을 아는 것이다. 자신을 알려면 자신의 신을 믿고 기도하고 배워라.

조그만 지식을 가지고 다 아는 척하지 마라. 앎이란 끝이 없다. 그래서 태어나서부터 죽을 때까지 배워야 한다.

명심보감 99강

景行錄에 云
_{경행록} _운

○ 경행록에 이르기를

賓客不來면 門戶俗하고 詩書無敎면 子孫愚니라.
_{빈객불래} _{문호속} _{시서무교} _{자손우}

○ 손님이 찾아오지 않으면 집안이 속되고 시서를 가르치지 않으면 자손이 어리석게 된다.

명심보감 100강

莊子 曰
^{자 장 왈}

○ 자장이 말하기를

事雖小나 不作이면 不成이요 子雖賢이나 不敎면 不明이니라.

○ 아무리 작은 일일지라도 하지 않으면 이루어지지 않고, 자식이 아무리 어질더라도 가르치지 않으면 현명할 수가 없다.